U0463838

- 四川师范大学影视与传媒学院播音与主持艺术专业国家级一流本科专业建设点建设成果
- 2023—2026四川师范大学校级教学改革项目"播音主持业务（1）核心课程项目"研究成果

新文科建设·影视传媒类专业系列教材

全媒体时代
音频节目播音主持教程

QUANMEITI SHIDAI
YINPIN JIEMU BOYIN ZHUCHI JIAOCHENG

韩幸霖◎编著

四川大学出版社
SICHUAN UNIVERSITY PRESS

图书在版编目（CIP）数据

全媒体时代音频节目播音主持教程 / 韩幸霖编著.
成都：四川大学出版社，2025. 4. --（新文科建设·影
视传媒类专业系列教材）. -- ISBN 978-7-5690-7821-3

Ⅰ. G222.2

中国国家版本馆 CIP 数据核字第 2025JG2521 号

书　　名：全媒体时代音频节目播音主持教程
　　　　　Quanmeiti Shidai Yinpin Jiemu Boyin Zhuchi Jiaocheng
编　　著：韩幸霖
丛 书 名：新文科建设·影视传媒类专业系列教材
总 主 编：王　博

丛书策划：侯宏虹　罗永平
选题策划：侯宏虹　罗永平
责任编辑：罗永平
责任校对：吴连英
装帧设计：墨创文化
责任印制：李金兰

出版发行：四川大学出版社有限责任公司
　　　　　地址：成都市一环路南一段 24 号（610065）
　　　　　电话：（028）85408311（发行部）、85400276（总编室）
　　　　　电子邮箱：scupress@vip.163.com
　　　　　网址：https://press.scu.edu.cn
印前制作：四川胜翔数码印务设计有限公司
印刷装订：成都金龙印务有限责任公司

成品尺寸：170 mm×240 mm
印　　张：12.25
插　　页：2
字　　数：214 千字

版　　次：2025 年 5 月 第 1 版
印　　次：2025 年 5 月 第 1 次印刷
定　　价：55.00 元

扫码获取数字资源

四川大学出版社
微信公众号

本社图书如有印装质量问题，请联系发行部调换

版权所有 ◆ 侵权必究

前　言

　　在媒介形态加速革新的时代背景下，音频作为传统媒体的重要组成部分，正经历着前所未有的数字化嬗变。本书对音频节目及其语言艺术的探讨严格限定于狭义范畴，具体聚焦播客、有声书、广播剧与电台广播四类媒介形态。随着互联网基础设施的普及、智能终端设备的迭代以及虚拟现实技术的突破，音频传播生态呈现出多维度的进化轨迹：从线性传播的无线电广播，到具备交互特性的播客形态，又结合 AIGC（Artificial Intelligence Generated Content，人工智能生成内容）的技术发展，而演进为短视频平台中视听融合的声景呈现，音频节目的载体形态与传播范式已发生根本性转变。这种变革不仅体现在技术载体的更迭上，更深刻重构了音频内容的创作逻辑——在流媒体平台的算法推荐机制下，音频内容正突破传统广播的物理边界，通过与可视化元素、社交功能的深度融合，形成兼具沉浸体验与社交属性的新型声音产品。

　　这种媒介形态的持续演进，使"音频节目"这一概念不断突破既有的认知框架，在数字传播语境中获得了更丰富的内涵与外延。与此同时，音频节目主持人的语言艺术审美素养成为影响节目质量、吸引力和传播力的重要因素。本书旨在探讨音频节目语言艺术的审美发展及创作技巧，结合播音与主持艺术专业的教学需求，帮助学生理解和掌握全媒体时代音频节目的创作原则、审美标准及语言表达技巧。

　　音频节目的语言艺术不仅仅是信息的传递工具，更是情感和文化交流的载体。随着全媒体时代的到来，音频语言艺术的创新成为音频播音与主持领域的重要命题。本书通过分析经典音频节目案例，结合语言艺术的审美标准，阐述音频节目主持人在不同节目类型中应具备的语言表达技巧和审美素养，进一步探讨如何提升节目创作的艺术感染力。

　　本书的内容结构紧扣音频节目创作与语言表达的核心，重点讲述音频节目语言艺术的基本概念与发展趋势，音频节目主持人的语言艺术审美素养，以及不同类型音频节目的创作分析与实训。在此基础上，我们还将讨论全媒体时代音频语言艺术的变革和创新，帮助学生适应媒体融合环境下音频节目创作的新要求。

目　录

第一章　音频节目语言艺术的基本概述

音频节目涵盖了众多以声音为核心的音频媒介内容，包括传统广播、播客、有声书、音乐流媒体、语音社交及智能语音内容等，传播渠道多元，既可通过数字网络实现点播交互，也可借助物理介质存储分发。如图 1－1 所示，从广义音频节目、狭义音频节目的范围可以看出，广播节目与音频节目之间有明确的从属关系。广播节目特指依托无线电波（AM/FM）、数字广播（DAB+）、有线或卫星等专用频谱资源进行传输的内容，在我国需经国家审批并受《广播电视管理条例》监管，主要涵盖新闻、访谈、专题、戏曲等线性传播形态。两者的核心差异在于技术载体与监管体系：广播受限于固定频段和时段，强调实时性和公共服务属性；音频节目具备随时点播、社交互动、个性化推荐等特点，传播自由度更高。

图 1－1　广义音频节目与狭义音频节目范围区分图①

---

① 本图由作者自制。

在媒体融合背景下，音频节目语言艺术的概念逐步扩展，已超越传统广播播音的规范表达，向更加多元化、个性化、沉浸式的方向发展。AI语音合成、3D音效、互动音频等数字化技术赋予音频节目更丰富的表达形式，使语言不仅承担信息传递功能，更成为增强用户沉浸体验的重要媒介。

语言作为人类最重要的交流工具，承载着信息传播、文化传递和社会互动等多重功能。在音频节目中，语言更是核心表达方式，它不仅决定了信息传达的清晰度，还影响着节目与听众之间的互动关系。音频节目语言艺术的发展，既受到时代背景和科技进步的影响，也深受社会文化思潮和传播理念的变迁制约。随着媒介环境的演变，音频节目语言艺术逐步形成了独特的审美标准和创作原则，为音频节目风格的塑造、主持人的语言表达、听众体验的优化等提供了理论依据和实践指导。

本章围绕音频节目语言艺术的起源与发展、核心特质，音频节目内容的创作原则与审美标准，音频节目语言的传播功能与审美内涵展开探讨，系统梳理音频节目语言艺术的发展脉络，并结合当前媒介融合趋势，分析其在新时代的审美内涵与价值取向。

一、音频节目语言艺术的起源与发展

（一）音频节目语言艺术的起源

音频节目是声音媒介的核心形式，其语言艺术的发展与声音传播技术的进步紧密相关。19世纪末至20世纪初，随着录音和无线电广播技术的诞生，人类正式迈入了"声音传播"时代。1920年，美国匹兹堡的KDKA广播电台播出了首个新闻广播节目，此举不仅开创了广播作为信息传播工具的先河，也奠定了广播语言艺术的基本框架。初期的广播语言以新闻播报为主，强调信息的迅速、准确传递，语言风格以正式、庄重和标准化为主，突出了其"权威性"和"清晰性"。在这一时期，音频节目主持人的语言表达严谨而克制，个人情感的流露极为有限，音频节目语言艺术尚未形成一个独立的审美体系。

随着时间的推移，广播电台数量增加，听众群体扩大，音频节目的内容开始多样化，涵盖了新闻、音乐、戏剧、教育等多个领域。这一变化促使不同节目类型对语言表达的要求出现了明显的分化。例如，新闻广播依然维持其权威和正式的风格；而戏剧广播则模仿舞台剧的表演风格，强调语言的情绪感染力和表现力。这一时期，音频节目语言艺术开始展现出多元化的审美特征，不同的节目类型逐渐形成了各自的语言风格和表达方式。此外，磁带录音技术的普及为节目的预录和剪辑提供了可能，这不仅提升了音频节目语言的表现力，还使主持人的表达更加自然流畅，极大地增强了节目与听众之间的情感共鸣。

音频节目语言艺术的起源和演变是一个多维度的过程，涵盖了从古代口头传统到现代技术等广泛因素。在现代广播和录音技术出现之前，全球各地的口头传统以讲故事、歌唱和诗歌等形式已经存在了数千年，这些形式的韵律性和调性对后来广播语言的风格产生了初步影响。同时，19 世纪末电话技术的普及改变了人们的交流方式，提高了语音传递信息的私密性和即时性。此外，早期的技术发明，如爱迪生发明的留声机，为声音的记录和再现提供了技术基础，推动了声音艺术的演变，使声音可以被捕捉、保存和复制。电影技术的发展带来了声音与影像的结合，为音频节目语言艺术提供了新的表达维度，加深了其情感深度。同时，公共演讲和辩论的传统在西方文化中长期以来都是语言表达的重要形式，这些活动的语言使用技巧和表达方式对广播的语言风格产生了深远的影响。所有这些因素共同塑造了音频节目语言艺术的复杂性和多样性，使其成为跨文化、跨时代的重要传播方式。

（二）音频节目语言艺术的发展演变

20 世纪中期，音频技术的进步和电台的普及推动了音频节目语言艺术的发展。随着社会的现代化进程推进，音频节目开始向个性化、生活化方向发展。特别是 20 世纪 50 年代之后，广播节目主持人的角色从单纯的信息传递者逐渐向"沟通者"转变，广播语言开始融入情感色彩，增强了听众的代入感。例如，美国的脱口秀节目兴起，广播节目主持人开始使用幽默、轻松的语言风格，打破了传统广播语言的庄重感，使广播节目更具亲和力。

在中国，20 世纪 50 年代至 70 年代以广播为主要媒介的音频节目以宣传教育为主要目的，语言风格严肃、正式，注重共产主义和社会主义意识形态传播，强调主持人的权威性。改革开放后，随着社会环境的变化和市场经济的发展，音频节目语言的风格开始有所转变，特别是 80 年代后，文艺音频节目开始流行，如音乐广播、戏曲广播等，使音频节目语言艺术的表现形式更加丰富。

进入 21 世纪，广播行业受新媒体的冲击，其语言表达方式进入了全新的发展阶段。数字技术的进步使得音频节目不再局限于传统的电波传播，而是与互联网、移动端等媒介平台深度融合，推动了音频节目语言艺术的创新。根据艾瑞咨询《2023 年中国网络音频产业研究报告》，中国音频行业历经十余年发展，已从早期的探索阶段迈入技术驱动下的深度变革期。在 2008 至 2015 年的探索期，智能手机普及推动音频内容数字化，蜻蜓 FM、喜马拉雅等平台相继涌现，逐步取代传统电台模式；2013 年微信开放音频接口后，知识付费市场规模持续扩大，"罗辑思维"等 IP 实现年营收破亿，验证了音频内容的商业化潜力。在 2016 至 2019 年的扩张期，资本涌入，加速行业洗牌，腾讯音乐收购懒人听书，字节跳动推出番茄畅听，有声书《庆余年》播放量超 10 亿次，行业融资总额超 50 亿美元，形成以喜马拉雅、荔枝、蜻蜓 FM 为核心的"三巨头"格局，其中喜马拉雅用户渗透率达 62.8%，月活跃用户人数（Monthly Active User）领先优势显著。2020 年后，行业进入存量竞争的平台期，2022 年市场规模达 115.8 亿元，订阅付费（占比 46.46%）、直播打赏（占比 26.68%）成为核心收入来源，但传统模式增长乏力，平台转向技术融合与全球化布局，喜马拉雅等企业加速拓展中东、东南亚等新兴市场，依托人口红利与低竞争密度挖掘增长空间。

如今，技术革新正打破行业边界，人工智能（AI）技术的发展正在改变音频语言的未来，AI 与 6G 成为破局关键。网易云音乐利用 WaveNet 生成虚拟歌手"陈水若"，单曲播放量超 2000 万次；腾讯音乐利用 PDM-TTS 技术实现明星语音克隆，用户日均使用时长提升 27%。DeepSeek 等 AI 产品通过声纹分析（0.3 秒解析 32 种情绪维度）、环境噪音逆向生成沉浸音效，推动内容生产从 PGC（Professional Generated Content，专业生产内容）向 AIGC 转型，2023 年喜马拉雅 AIGC 内容占比已达 15%，《三体》广播剧制作周期缩短 40%。在 6G 技术前瞻布局下，华为"全息声场"项目拟实现音乐厅级空间音频体验，高通预测 2028 年传输时延将低于 1 毫秒，为车载、智能家居等全场景渗透提供底层支撑。与此同时，监管挑战凸显，AI 生成内容导致的伦理风险催生"道德熵值监测系统"，实时扫描音频流并预警价值观偏移。未来，行业将围绕"内容护城河+技术迭代+场景融合"三维重构，在存量市场中探索短音频社交、虚拟主播矩阵等新业态，迎接用户规模突破 3.5 亿后的生态升维。

　　音频行业发展至今，其产业链涵盖上游内容生产、中游平台分发及下游硬件应用二大环节。根据《2023 年中国网络音频产业研究报告》，音频行业产业链的上游以有声书、广播剧、播客、直播等内容为核心，由出版集团、文化传媒公司、配音工作室、主播 KOL（Key Opinion Leader，关键意见领袖）等提供内容 IP，并通过专业声优、直播公会完成制作；中游依托喜马拉雅、蜻蜓 FM 等音频综合平台，以及知识付费平台、日常社交平台实现内容分发与运营；下游通过智能音箱（小度等）、智能家居、智能手机及车机系统等硬件触达用户，同时由自动语音识别（ASR）、自然语言处理（NLP）、文本转语音（TTS）等技术支撑全链条内容生产与交互创新，形成从创作到终端的完整生态闭环。

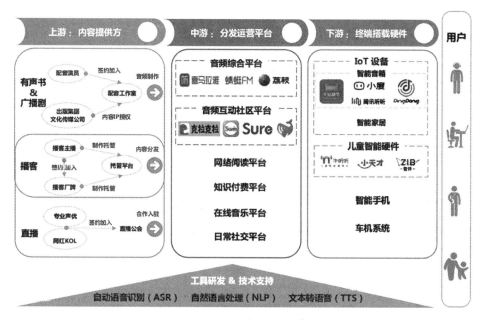

图 1-2　音频产业链图谱①

　　与此同时，在新媒体环境下，音频节目语言艺术的审美标准也发生了重大

　　① 艾瑞咨询研究院. 2023 年中国网络音频产业研究报告［A］.（2023-08-08）［2024-03-05］.
https://report.iresearch.cn/report/202308/4217.shtml.

变化。传统音频节目语言的单向传播模式被打破，听众可以通过社交媒体等平台实时与主持人互动，音频节目语言从而更加具有现场感和即时性。相比于过去的正式化表达，现代音频节目更注重主持人与听众之间的情感交流，主持人通过亲切、富有感染力的语言增强听众的代入感，使节目更具吸引力。不同类型的音频节目语言风格更加多样，新闻音频节目依然保持严谨风格，而文艺音频节目则强调个性化表达和幽默感。

综合来看，音频节目语言艺术的发展经历了从单向传播到互动交流，从权威风格到个性化表达的演变过程。不断地跨界、跨平台，也促使音频节目语言艺术的审美标准朝着多样化、个性化和智能化的方向发展，为听众提供更加丰富的语言体验和审美享受。

二、音频节目语言艺术的核心特质

音频节目语言艺术的核心特质是其独特的语言形式和表达方式，即在有限的音频空间内，通过语言的音色、节奏、语调、停顿等元素，传递丰富的情感与思想，唤起听众的想象与共鸣。这些特质构成了音频节目语言艺术的内在美学基础，也为音频节目创作提供了重要的艺术方向。

（一）音色与语音的独特性

音频节目的语言艺术首先体现在音色与语音的表达上。与电视等多媒体节目相比，音频完全依赖声音传播，因此口语的运用尤为重要。音频节目语言的音色和语音不仅是语言传递的工具，也是其情感和文化内涵的载体。良好的音色能够使语言更具感染力和表现力，调动听众的情绪，引导听众进入节目所构建的情境中。例如，在情感音频节目中，主持人通过细腻、温柔的语调与柔和的音色传达亲切感和安抚听众的情绪；而在新闻音频节目中，严肃、简练的语音则能彰显节目内容的权威性和重要性。

音频节目的语言艺术不仅仅是对声音的单纯使用，更多的是通过音效加工，赋予其艺术表达的空间。随着技术的进步，音效的加入使得音频节目能够在语言之外增添更多的感官刺激，如加入背景音、声音特效等，这些音效与主持人的语言相结合，构建出富有层次感和立体感的语言艺术。

（二）语言节奏与语调的情感调动

音频节目语言艺术的另一个核心特质是语言的节奏感与语调变化。音频节目的语言节奏是通过语速、语气、停顿等元素的有机配合来实现的。语言的节奏决定了听众对信息的接受速度和感知深度。恰到好处的停顿可以让听众有时间消化信息，从而产生更深刻的印象。而语速的变化则直接影响着音频节目的情感表达和戏剧效果。例如，在新闻音频节目中，较快的语速可以传递紧张、急迫的信息；而在情感音频节目中，较慢的语速能够营造出温馨、宁静的氛围，进而引发听众的情感共鸣。语调的变化也是音频节目语言艺术的一个重要特质。通过语调的升降、停顿与强弱对比，音频节目主持人能够用语言传达出情感的波动，使节目内容更富有表现力与感染力。

（三）语言的简洁性与表现力

音频节目语言艺术的另一核心特质是语言的简洁性与表现力。音频节目的传播以声音为载体，传播的时间和空间都相对有限，因此音频语言的表达必须简洁、清晰，同时具备一定的表现力。这种简洁性并不是空洞或肤浅的表达，而是在短暂的时间内通过高效的语言传递精确的信息和情感。在新闻音频节目中，简洁的语言能够迅速传达重要信息；而在情感音频节目中，简洁的表达则通过语言的凝练实现情感的最大爆发。

与其他类型的节目不同，音频节目要求主持人在短时间内通过简洁的语言形式构建出丰富的情感层次，实现良好的叙事效果。例如，在文艺音频节目中，主持人可以通过简短而富有诗意的语言，让听众获得深刻的情感体验和美学感受。这种简洁性与表现力的平衡，是音频节目语言艺术能够达到高水平审美的关键。

（四）语言的亲和力与互动性

音频节目语言艺术的核心特质还体现在语言的亲和力和互动性上。音频节目，尤其是情感音频节目的主持人通过语言与听众建立起情感连接，这种联系通过语言的亲和力得到增强。音频节目主持人不仅是信息的传递者，更是情感的引导者。主持人通过自然、亲切的语言表达，能够拉近与听众之间的距离，使听众感受到被理解和关怀。

尤其在社交媒体和互动音频的背景下，音频节目语言的互动性更为重要。主持人通过与听众的即时互动，进行话题讨论、问题解答等，使音频节目更具参与感和娱乐性。这种互动性不仅是语言的一部分，更是音频节目的独特魅力所在，它让听众从被动接收信息的状态转变为主动参与，从而增强了节目对听众的吸引力。

（五）语言的多样性与适应性

随着媒介环境的多元化和受众群体的细分，音频节目语言艺术的多样性和适应性成为其重要特质之一。在传统音频节目语言艺术中，语言通常是根据不同节目的需求进行变化的，而在全媒体时代，音频节目语言的多样性更加突出。不同的受众群体对音频节目的语言有着不同的期望和需求，这要求主持人在语言表达时能够根据受众特点进行适当的调整。例如，在少儿音频节目中，语言要生动有趣，带有教育性和娱乐性；而在新闻音频节目中，语言则要严谨、准确。

音频节目语言的适应性不仅体现在节目种类和目标受众的不同上，还体现在跨平台传播的需求上。在数字化和互联网平台的推动下，音频节目需要适应不同的传播渠道，如播客、短音频等，因此语言的适应性也变得更加重要。主持人需要根据不同平台的传播环境和受众特性，灵活调整语言风格，以确保节目能够在多个平台上获得最大限度的传播。

综合来看，音频节目语言艺术的核心特质应该是在传播效果、艺术表现和情感共鸣之间达到高度的统一。其独特的语言表达方式，使得音频节目能够在听众心中留下深刻的印象，并实现信息传递与情感交流的双重功能。随着媒介技术的进步和社会需求的变化，音频节目语言艺术的特质将继续发展和演变。未来，音频节目语言艺术将更加注重个性化、多样化和互动性，成为更具创造性和感染力的艺术形式，继续在全媒体时代发挥重要作用。

三、音频节目内容创作的基本原则与审美标准

音频节目内容的创作不仅仅是信息的传递过程，也是一个多维的艺术创作过程。音频语言艺术的独特性和深度使得每一档节目都具备了独立的审美价

值。音频节目内容的创作涉及语言艺术、情感表达、听觉体验等多个方面，需要严格遵循一定的创作原则和审美标准。通过精准的语言选择和合理的情感表达，音频节目能够在有限的时间与空间内产生较大的影响力，触动听众的心灵。

根据《2024 中文播客新观察》，听众弃听某档音频节目的主要原因是内容质量下降和体验不佳。具体来说，71.3% 的用户因为节目内容变得单调、缺乏深度而失去兴趣。同时，有超过一半的用户因为不认同主播观点，有 46.3% 的用户因节目中有太多错误而感到不满，这些都反映了创作者的立场偏颇和专业素质不足，从而损害了与听众的信任关系。此外，51.8% 的用户因为录音和剪辑质量差而离开，说明技术质量也是内容竞争的一个重要门槛。相比之下，只有 12.1% 的用户因为找到了更好的节目而离开，这说明提升内容的独特性和审美质量更为关键（见图 1-3）。

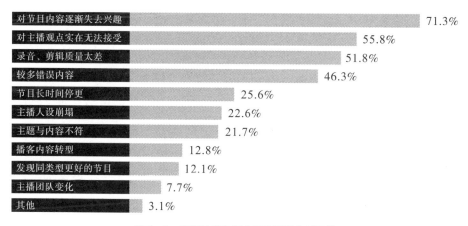

图 1-3 弃听某档音频节目的原因分析图①

因此，在这个"耳朵经济"的时代，创作者应该深入理解用户的审美需求，不仅要提升内容的逻辑性和知识深度，还要通过高质量的音效设计来增强听众的感官体验，从而确保音频内容具有不可替代性。

我们将从音频节目内容创作的基本原则出发，探讨如何在创作过程中把握语言艺术的规范性与创新性，并提出音频节目的审美标准，以确保节目内容能

---

① JustPod. 2024 中文播客新观察 [A]. (2024-12-16) [2025-01-18]. https://www.xdyan bao.com.

够达到理想的传播效果与艺术效果。

（一）音频节目内容创作的基本原则

音频节目的创作不仅要考虑其传播功能，更要注重艺术表现与情感传递。创作过程中，必须遵循以下几个基本原则：

1. 信息准确性与表达简洁性

音频节目作为一种信息传播的工具，其创作首先必须确保信息的准确性。尤其在新闻音频节目中，信息的准确传递是音频节目的核心要求。音频节目主持人在内容创作中，必须做到语言表达简洁、明了，避免冗长和复杂的语言结构。同时，语言表达的简洁性并不意味节目内容的浅薄，音频节目的语言要在简练的基础上保持表达的深度与层次。

2. 情感共鸣与听众参与

音频节目的另一创作原则是情感共鸣与听众参考。音频不仅仅是传播信息的工具，更是听众与主持人之间建立情感联系的平台。主持人通过语言的节奏、语调和情感表达与听众建立互动关系，使得节目不仅能够传递知识，还能激发听众的情感反应。在创作过程中，如何准确调动听众的情感，通过声音的艺术来与听众产生共鸣，是音频节目创作中至关重要的一环。

3. 创意与多样性

音频节目创作需要不断创新，以满足受众的多样化需求。在内容创作过程中，主持人和编导要注重节目的创新性，避免千篇一律的表达方式。尤其是在文艺音频节目、情感音频节目中，创意与多样性更为重要。音频节目必须在保持基本内容的框架和主题的同时，通过语言和内容的创新，增强节目的趣味性和吸引力。

（二）音频节目内容创作的审美标准

音频节目内容的创作，除了要求符合基本的传播功能，还需要有较高的艺术性。在音频节目语言艺术中，审美标准不仅关乎语言的规范性，更涉及语言的美感、节奏的流畅性以及情感的真实传达。以下是音频节目创作的几个重要审美标准。

1. 语言的艺术性

音频节目语言的艺术性要求主持人在节目内容创作过程中，注重语言的美感表达。这不仅包括语音、语调的准确合理运用，还包括语言的表现力。语言应具备节奏感，能够在有限的时间内传递出最丰富的情感与信息。例如，在新闻音频节目中，语言的简洁性与精准性是基本要求；而在文艺音频节目中，语言的韵律感和形象化则是增加艺术表现力的重要手段。语言的艺术性直接决定了音频节目的感染力和艺术效果。

2. 情感的真实与自然性

音频节目在情感表达上的审美标准是"真实"和"自然"。主持人在语言表达时，应避免过度矫揉造作，而要真实地反映内心的情感。这种真实感能够增强节目的情感渗透力，使听众与主持人产生情感上的共鸣。例如，在情感音频节目中，主持人通过自然流露的语言表达，能够将情感的温度传递给听众；而在社教音频节目中，主持人通过严谨且有温度的语言传递知识与思考。

3. 节奏与语气的和谐美

音频节目语言艺术的另一个审美标准是节奏与语气的和谐美。音频节目语言的节奏感不仅体现在语速的掌控上，还体现在停顿的使用与语气的变化上。通过合理的节奏安排，主持人能够引导听众进入节目营造的情境中，让听众更为顺畅地接受内容。在情感音频节目中，缓慢的语速和轻柔的语调能够营造出温馨的氛围；而在新闻音频节目中，快速的语速和坚定的语气能够传递紧迫感和权威性。

4. 受众的适配性

音频节目语言艺术的审美标准还应考虑受众的接受度和适配性。不同的音频节目针对不同的听众群体，其语言的表达应当与受众的需求相匹配。例如，少儿音频节目的语言应当简明、生动，并且具备教育性和娱乐性；而在面向老年人或专业人士的音频节目中，语言风格则应更加严谨、清晰和专业。这种语言的适配性要求主持人根据不同的节目类型与受众群体，灵活调整语言风格和内容呈现方式。

综上，音频节目内容的创作既是艺术的呈现，也是信息的有效传播。在创作中满足语言的艺术性、情感的表达、节奏的把握以及受众需求的适配等审美标准，音频节目能够在有限的时间内更好地传递情感、信息和文化。音频节目内容的创作原则和审美标准为节目提供了创作的方向和衡量的尺度，这些原则和标准的实施，不仅能够提高音频节目的艺术水准，还能够提升音频节目的传播效果和社会影响力。随着时代的进步与媒介技术的发展，音频节目的语言表达将更加注重创新性与多样性，进一步丰富音频语言艺术的内涵与外延。

四、音频节目语言的传播功能与审美内涵

音频节目作为一种重要的媒体形式，其语言不仅仅是一种信息传递工具，更是文化、情感与思想的载体。音频节目语言通过声音为听众提供了丰富的听觉体验，它的传播功能不仅体现在传递信息的准确性上，还体现在语言的艺术表现力和审美效果上。音频节目语言的传播功能和审美内涵密不可分，两者共同构成了音频节目的核心价值，相辅相成，扩大音频节目在社会文化和娱乐领域中的影响。

我们将从音频节目语言的传播功能和审美内涵两个方面进行详细探讨，分析音频语言如何在满足传播需求的同时，增强节目的艺术价值和社会效应。

（一）音频节目语言的传播功能

音频节目语言的传播功能首先体现在信息传递的准确性和即时性。作为一种声音媒介，音频能够快速有效地传播新闻、文化、教育等各类信息。音频节目语言不仅需要具备清晰、简洁的特点，还需要在短时间内提炼复杂的信息并有效地传达给听众。特别是在新闻音频节目中，主持人的语言必须简洁明了，以确保信息的高效传播。

1. 信息传播与文化传播功能

广播语言的传播功能不仅限于信息的传递，还包括文化的传播。广播节目语言在传递时事新闻的同时，也承担着传播文化和价值观的任务。尤其是在公共广播、教育广播及文化类广播节目中，语言不仅传递了知识信息，更蕴含了文化内涵和价值观念。例如，文艺音频节目通过讲述经典故事或传播艺术作品，能够提升听众文化素养，增强其审美能力；而在情感音频节目中，语言则承担着更深层次的情感交流功能，帮助听众疏解压力，传递温暖与关怀。

2. 情感交流与社会互动功能

音频节目语言的传播功能还体现在情感交流和社会互动方面。在情感音频节目中，语言的情感传递是节目设计的重要组成部分。主持人通过语言与听众建立情感共鸣，增强听众的参与感。音频节目语言的亲和力能够拉近主持人与听众之间的距离，使得音频节目不仅是传递信息，更是在共享情感。音频节目语言在这个过程中不仅仅是表达情感的工具，更是听众情感反应的触发点。通过语气、语调的变化，音频节目语言能够有效引导听众的情感走向，使其产生共鸣。

（二）音频节目语言的审美内涵

音频节目语言的审美内涵不仅体现在语言的美感和艺术性方面，更涉及其如何通过语言的表达传递情感、思想和文化。音频节目语言的审美不仅是对形式的追求，更是对在形式中凝结的深层情感和社会意义的展现。音频节目语言的审美内涵主要体现在以下几个方面：

1. 语言的艺术性与美学价值

音频节目语言的艺术性与美学价值是其审美内涵的重要体现。与书面语言不同，音频节目语言通过声音和语调传递情感，其艺术性体现在声音的表现力、节奏的感知力和语调的多样性上。音频节目主持人通过语言的抑扬顿挫、语速的快慢、停顿的长短来控制节奏，调动听众的情绪和心理，使语言具备充足的表现力和感染力。语言的艺术性使得音频节目成为具有高度文化内涵和审美价值的艺术形式，特别是在文艺音频节目中，主持人的语言不仅是在传递信息，更是在呈现美学价值、传递艺术感受。

2. 语言的情感表达与共鸣作用

音频节目语言的审美内涵不仅体现在语言的结构和表达技巧上，更体现在语言所传达的情感深度上。在音频节目中，主持人通过语调的变化、话语的选择以及情感的表达，创造出与听众的情感共鸣。尤其是在情感音频节目中，主持人的语言不仅仅是信息传递的工具，更是情感释放与交流的载体。通过语言，主持人能够将自己的情感和思考传递给听众，并通过语言的艺术化表达唤起听众的情感反应。音频节目语言不仅仅是声音的传递，也承载了人类情感交流和社会互动的功能。

3. 语言的多样性与创意性

音频节目语言的审美内涵还体现在其多样性和创意性上。在当今全媒体时代，音频节目语言的创作越来越注重多样性和创新性。随着受众需求的多元化，音频节目语言不再局限于单一的表达方式，而是通过不同的语言风格和创意表达迎合不同的听众群体。无论是新闻音频节目中严谨的语言，还是文艺音频节目中充满艺术感的语言，音频节目都在不断创新其语言形式和表现手法，以适应全媒体时代音频语言艺术的需求。

4. 语言的社会功能与文化传承

音频节目语言的审美内涵还涉及其在社会功能和文化传承方面的作用。在音频节目中，语言的选择和表现不仅反映了当下社会的文化观和价值观，也参与了文化的传承和创新。在新闻音频节目中，音频语言表达着社会的公正与客观；而在文艺音频节目中，语言则体现着传统文化的传递与现代文化的融合。通过音频语言的艺术化表达，文化得以传承，社会价值得以传递，这也是音频节目语言所具备的独特审美价值之一。

综上，音频节目语言不仅是信息传播的工具，更是承载了文化、情感和思想。音频节目语言的传播功能包括信息的快速传递、文化和情感的表达，以及社会互动的建立。与此同时，音频节目语言也具备着丰富的审美内涵，它通过艺术化的语言表现传递情感，增强听众的参与感，引起听众的情感共鸣。音频节目语言的审美内涵在未来将进一步多样化，随着科技的发展和受众需求的变化，音频语言艺术将在全球化和数字化的背景下，展现出更加丰富和深刻的传播效果。

第二章 音频节目主持人的语言艺术审美素养

　　音频节目主持人作为音频节目的核心人物，其语言艺术的审美素养直接影响节目的传播效果和艺术表现力。语言艺术审美素养不仅仅体现了主持人语言表达能力，更体现了其对语言美学、情感交流和社会文化内涵的理解与运用。音频节目主持人需要通过语言技巧与艺术表达，塑造节目内容的情感基调，调动听众的情感，增强节目与受众之间的互动与共鸣。本章将深入探讨音频节目主持人应具备的语言艺术审美素养，包括文化审美修养、声音塑造与表现力、叙述风格与语言节奏、情感表达与听觉共鸣、即兴表达与应变能力、个性化语言风格等多个维度。

一、音频节目主持人的文化审美修养

　　音频节目主持人的文化审美修养是其语言艺术审美素养的核心组成部分，是主持人有效传递深刻思想、情感和文化的基础。音频节目主持人不仅仅是信息的传递者，更是社会文化和价值观的传递者，其文化审美修养直接影响节目内容的深度、情感的表现力以及与听众的互动效果。我们将深入探讨音频节目主持人文化审美修养的内涵及其影响，分析文化审美修养在不同类型音频节目中的体现。

（一）文化审美修养的内涵

　　文化审美修养是指音频节目主持人在其职业生涯中所积累的文化背景、艺术素养以及对美学价值的理解和追求。它不仅包括对语言和声音的掌握，还包括对人类历史、哲学、文学、艺术等各类文化形式的理解与感知。音频节目主持人凭借广泛的文化知识和丰富的艺术修养，能够将节目内容提升到更高的审美境界，从而更好地服务听众，增强节目的吸引力。

音频节目主持人的文化审美修养不仅体现在知识层面，更重要的是其对艺术和文化的感知力与表现力。音频节目主持人需要具备的文化素养涵盖多方面内容，包括对文学作品的理解、对历史文化的掌握、对现代社会现象的分析能力以及对艺术表达的审美判断能力等。这些元素共同塑造了音频节目主持人对文化内容的传递方式，使其在节目中通过语言表达将深刻的思想和情感传递给听众。

（二）文化审美修养对音频节目主持人语言表达的影响

音频节目主持人语言表达的深度和广度往往取决于其文化审美修养。文化修养深厚的主持人能够在节目中运用丰富的文化元素，采用恰当的语言形式和表达方式，使节目内容更具层次感。他们不仅能够通过语言准确传递信息，还能通过富有艺术感的语言形式展现情感、文化内涵和思考深度。对于新闻音频节目而言，主持人需要具备对时事和社会热点的敏感度，能够用准确且富有深度的语言进行解读与表达；对于文艺音频节目而言，主持人则需通过精练而富有表现力的语言，为听众提供更高层次的审美体验。

1. 对语言的选择与艺术化表达

音频节目主持人通过语言风格的独特选择和艺术化表达，在节目中塑造了鲜明的个性与情感氛围。语言不仅是传播信息的工具，更是情感与思想的载体。文化审美修养为音频节目主持人提供了深刻理解语言的基础，使其语言既具备传播的准确性，又能展现出情感的细腻和思想的深度。

音频节目主持人的语言选择，往往表现为对词汇、语句结构、语气、语调的精心搭配与巧妙运用。主持人通过对语言的艺术化处理，使得语言不仅具有信息传递的功能，还能够带给听众美的享受与情感的共鸣。这种艺术化表达既体现了主持人语言技巧的娴熟，也反映了其深厚的文化修养与艺术品位。例如，主持人通过灵活的修辞手法、语言的音调变化及适时的情感渲染，使节目充满艺术气息和人文关怀，进而增强节目对听众的吸引力。

在语言的表现过程中，音频节目主持人不仅注重语句的简洁和清晰，更注重语言的节奏和音调的变化，这种艺术化的语言表达使得听众在聆听的过程中，不仅是在接收信息，更是在享受语言的音乐性与情感性。因此，音频节目主持人的语言表达，不仅影响着节目的艺术呈现，也决定着音频节目能否在广大听众心中留下深刻的印象。

2. 对文化价值观的传递

音频节目不仅承担着信息传递的功能，更是文化认同和价值观传播的重要平台。音频节目主持人的文化审美修养在其中发挥着至关重要的作用。音频节目主持人拥有较深厚的文化审美修养，就能在节目中更加深入地理解和剖析社会文化现象，从而有效地在语言中融入和传递文化元素与价值观。音频节目主持人通过独特的语言表达方式，能够在无形中影响听众的思维方式和价值判断，推动文化理念的广泛传播。

在新闻音频、文艺音频、情感音频等不同类型的节目中，主持人通过选择适当的语言和表现手法，有效地嵌入文化和价值观念，能帮助听众更好地理解和认同社会发展与文化背景。例如，在新闻音频节目中，主持人通过严谨的语言风格，不仅传递事实信息，还能分析报道的社会背景和文化意义，帮助听众理解事件背后的深层次原因和社会影响。在文艺音频节目中，主持人通过对艺术作品的阐释与讲述，展示了传统文化的价值与当代社会的文化追求，能有效增强听众的文化自信和对艺术的审美认同。

主持人深厚的文化审美修养使得他们能够敏锐捕捉到社会文化的变化和潮流，在节目中融入符合时代精神的价值观。例如，在社教音频节目中，主持人往往会结合当下社会热点和公众关切的议题，通过语言的引导和渲染，帮助听众形成对社会现象的正确认知与评价。在情感音频节目中，主持人的语言表达，不仅仅是在传递情感，更是在潜移默化地引导听众树立积极、健康的人生观、价值观。

如今，随着全球化和信息时代的到来，音频作为一种公共传媒，肩负着更为重要的文化传播责任。主持人通过语言的艺术化处理，能够帮助构建和巩固社会的文化认同，使得多元文化价值观在社会中得以共存与传播。这不仅有助于增强社会的凝聚力，还能促进文化的交流和融合，最终推动文化认同的广泛形成。

总之，音频节目主持人通过深厚的文化审美修养，能够在节目中有效地传递文化价值观。通过精心选择的语言形式和富有艺术性的表达，主持人不仅传播信息，更在潜移默化中影响听众的价值观念和文化认同感。这种文化传播的功能，使音频节目不仅成为信息的传递者，更成为社会文化和价值理念的重要载体。

（三）文化审美修养在不同类型音频节目中的体现

音频节目内容种类繁多，各种类型的节目对主持人的文化审美修养有着不同的要求。无论是新闻音频节目、文艺音频节目、社教音频节目、情感音频节目还是少儿音频节目、体育音频节目、广播剧音频节目，主持人的文化审美修养都在其语言表达和节目创作中起到至关重要的作用。

1. 新闻音频节目的文化审美修养

新闻音频节目作为信息传播的重要渠道，要求主持人不仅具备扎实的新闻专业知识和敏锐的新闻嗅觉，还需要具备较高的文化审美修养。新闻音频节目不仅仅是传递事件本身，更重要的是通过语言的表达帮助听众理解事件背后的深层意义。主持人的文化审美修养决定了他们在新闻报道中的语言选用和内容呈现方式，从而影响新闻节目的质量和影响力。在此过程中，主持人不仅要确保信息的准确和客观，还需将社会、文化和政治背景融入其中，塑造节目的文化深度与审美价值。

首先，新闻音频节目主持人需要具备较强的社会责任感，能够在报道中平衡事实与社会责任。主持人通过语言的精确选择，不仅传递新闻信息，更体现了对社会价值的认同与传递。例如，在涉及重大社会事件的报道时，主持人应当从符合社会主义核心价值观的视角进行解读，确保新闻内容对社会公众的积极引导作用。这不仅要求主持人具备准确把握新闻事件本质的能力，还需要其在新闻语言中融入文化审美的考量，做到语言简洁、信息充实，使听众在接受信息的同时，能够得到文化启示和思维启发。

其次，新闻音频节目主持人能够在语言表达中体现出文化的深度与思想性。在新闻报道中，主持人不仅传递事件的表面信息，还需要通过语言的选择和结构的组织，帮助听众理解事件背后的社会、文化与政治背景。例如，在报道关于社会发展、教育、环保等议题时，主持人通过背景信息的梳理和分析，帮助听众从多角度理解事件的深远影响，从而激发公众的思考和讨论。这要求主持人不仅作为信息的传递者，更要成为文化和社会思潮的引导者。

最后，新闻音频节目主持人还需具备对时事热点和文化潮流的敏锐洞察力，能够及时调整语言风格和节目的叙事视角，以适应不同事件的文化背景和社会意义。在当前媒体多元化的背景下，主持人要有能力在新闻报道中嵌入当代社会的文化需求和价值观念，通过语言传达深刻的社会意义。例如，在报道关于国家政策或社会变革的新闻时，主持人能够通过语言的艺术化和思维的深度，精准表达政策的背景、意义以及对社会的影响，使听众对新闻事件有更加全面的理解和深刻的思考。

总之，新闻音频节目主持人的文化审美修养是新闻音频节目质量和传播效果的重要保证。通过准确、简洁且富有文化深度的语言，主持人能够在新闻报道中施加积极的社会影响，推动听众从更广阔的文化视角来理解和评估新闻事件。优秀的新闻音频节目主持人通过语言传递的文化内涵，为节目注入了颇具思想性、文化性和社会性的内容，进而提升媒体在公众心中的价值和影响力。

2. 文艺音频节目的文化审美修养

在文艺音频节目中，主持人的文化审美修养尤为重要。它要求主持人不仅具备广泛的艺术素养，还要能够通过独特的语言艺术化表达，将各种文化元素巧妙地融入节目中，从而为听众带来极富审美价值的听觉享受。文艺音频节目的核心价值不仅在于信息的传递，更在于文化和艺术的呈现，主持人需要深刻理解文学、音乐、戏剧等多种艺术形式，从而创造出具有文化深度和艺术魅力的节目内容。

首先，文艺音频节目主持人需要具备对文学、音乐等多方面艺术形式的深厚的理解与赏析能力。主持人通过解析文学作品中的情感与思想，剖析音乐作品的结构与内涵，帮助听众从多维度理解艺术作品的魅力与文化意义。文化审美修养高的主持人，能够通过语言的艺术化表达，升华作品中的美感，令听众在听觉享受的同时，体验到艺术作品所蕴含的哲理与情感。例如，主持人通过优美的语言阐释诗歌的节奏和意象，或者通过对一首经典音乐作品的讲解，使听众能够在与作品的共鸣中感受到其背后的历史、文化和情感内涵。

其次，文艺音频节目主持人需要熟练运用语言的艺术性，赋予节目艺术魅力。文艺音频节目通常具有较高的艺术性，主持人在此类节目中的角色不仅是信息传递者，更是艺术作品与听众之间的桥梁。主持人通过对作品的解读与表达，让原本抽象的艺术形式具体化、形象化，让听众通过语言触及艺术的灵魂。这种艺术化的表达方式，不仅让节目内容具有了更强的吸引力，还使节目本身具备了深厚的文化底蕴和艺术价值。

最后，文艺音频节目主持人需要具备独特的语言风格和表达技巧。主持人通过语调的变化、修辞手法的运用以及对细节的深入挖掘，使得作品的艺术价值得以展现。例如，在主持某一文学专题节目时，主持人可以通过运用比喻、排比、反复等修辞手法增强语言的表现力，使得作品的情感和艺术内涵更具冲击力。与此同时，主持人还需结合听众的文化层次与接受能力，合理调整语言的深度和复杂度，确保节目内容能够为不同背景的听众所理解和欣赏。

总之，文艺音频节目主持人的文化审美修养不仅是节目质量的保证，也是文化传播的重要保证。通过语言的艺术化表达，主持人能够有效地将文学、音乐、戏剧等艺术形式的内涵传递给听众，帮助听众在欣赏艺术的过程中不断提高自身的审美素养和文化认同感。主持人在文艺音频节目中不仅承担着传播者的角色，更是艺术与文化的桥梁和引导者，有良好文化审美修养的主持人可以为文艺音频节目带来无穷的艺术魅力和深厚的文化价值。

3. 社教音频节目的文化审美修养

社教音频节目作为一种旨在提高社会教育水平、普及科学知识并推动社会进步的节目，要求主持人具备较高的文化审美修养。社教音频节目不仅仅是传递信息的工具，更是传播社会价值观、文化认知和思想启蒙的重要载体。在这一过程中，主持人通过语言艺术的运用，将复杂的社会问题、人文情怀和教育理念转化为易于理解的表达形式，同时引发听众的思考和讨论，从而在潜移默化中提升公众的文化素养和社会责任感。

首先，社教音频节目主持人需要具备深厚的文化背景知识和敏锐的社会洞察力。在节目中，主持人不仅要提供准确的信息，还要通过对社会现象的分析和解读，将这些信息与社会背景、历史文化相结合，帮助听众全面理解节目内容。例如，在报道某一社会事件时，主持人可以通过引入相关的文化背景知识，帮助听众理解事件背后的深层社会根源和文化意义。通过这种方式，主持人不仅将信息传递给听众，还以语言的艺术化呈现，引导听众进行更深层次的思考。

其次，社教音频节目主持人需要运用语言的艺术化表达，提升节目的思想深度。社教音频节目不仅仅要传播知识和信息，更承担着启发听众思维、提升社会认知的责任。因此，主持人在语言使用上不仅需要简洁明了，还要通过艺术化的表达提升节目内容的思想深度。通过语言技巧的运用，主持人能够在节目的讲解和讨论中融入更多的文化内涵和思想深度，使听众不仅获得知识，还能从中受到思想启迪。

再次，社教音频节目主持人还需具有对社会热点话题的敏感捕捉与语言的调控能力。社教音频节目往往涉及一些重要社会议题，如教育改革、环境保护、社会福利等，这些话题直接关系到社会公众的利益和生活质量。在这种情况下，主持人需要通过语言的精准表达，既保持客观理性，又能激发听众的社会责任感。例如，主持人在讨论环保问题时，既要清晰传达相关政策信息，也要通过情感化的语言，引导听众思考如何积极参与环保事业，从而增强大众的集体意识和社会责任感。

最后，社教音频节目主持人还需掌握语言的情感化表达。优秀的社教音频主持人能够通过情感化的语言传递社会正能量，并通过语言的感染力引起听众的情感共鸣。通过合适的语言风格，主持人能够使社会教育内容既具备丰富知识，也充满人文关怀。例如，在讨论公共卫生问题时，主持人通过温暖而关切的语言，帮助听众理解并感同身受，从而更好地推动社会教育。

总之，社教音频节目主持人的文化审美修养，不仅体现在他们语言的准确性和清晰度上，更体现在他们如何通过艺术化的语言表达，传递深刻的社会价值观、文化理念和思想情感。主持人通过对社会现象的敏锐洞察、语言的精妙运用、情感的准确把握，使社教音频节目成为传播社会正能量和文化认同的重要平台。通过文化审美修养的提升，主持人能够在节目中实现知识性与思想性、教育性与文化性的有机融合。

4. 情感音频节目的文化审美修养

情感音频节目专注于情感的传递，以引起听众心灵的共鸣，主持人的文化审美修养在其中发挥着至关重要的作用。情感音频节目主持人不仅是信息的传递者，更是情感的传递者。主持人通过语言的艺术化处理和情感的精细化表达，能够带领听众进入情感的共振空间，为其提供温暖、关怀和慰藉，帮助听众在生活的困境中找到情感的支持和安慰。因此，情感音频节目主持人不仅要具备敏锐的情感洞察力，还要能够将这种情感洞察通过艺术化的语言形式进行有效传递。

首先，情感音频节目主持人需要具备对情感的深入理解和细腻表达。在情感音频节目中，主持人往往需要深入复杂的情感层次，如爱、恨、悲伤、焦虑等，理解这些情感背后的社会文化根源，并通过语言将其恰如其分地表达出来。主持人不仅要通过语言呈现情绪波动，更要通过语言的选择和语气的控制，使情感表达具有层次感。例如，在播报关于家庭矛盾、恋爱困惑等话题时，主持人通过情感化的语言表达，能够帮助听众理解自身的情感状态，同时给予他们情感上的支持和引导。

其次，情感音频节目主持人需要具备对语言的艺术化处理。主持人通常需要根据节目内容的情感层次，灵活调整语言风格和情感强度。例如，在一个帮助听众解忧的节目中，主持人可能采用柔和、平缓的语调，通过轻柔的语言，缓解听众心中的压力，带给他们一种情感上的安慰。相反，在一些情感激昂的讨论中，主持人则可能通过语速加快、语气强化的方式，将激烈的情感传递给听众。这种语言的变化和情感的调节，使得情感音频节目能够精准地与听众的情感需求对接，达成强烈的情感共鸣。

最后，情感音频节目主持人还需具备对听众需求的敏感把握。主持人通过与听众的互动，了解他们的情感需求和心理状态，从而在语言表达上及时做出调整和回应。情感音频节目的成功不仅依赖于主持人语言的艺术化表现，还需要主持人具有敏锐的洞察力，能够根据听众的反馈和情感需求，及时调整节目内容与语言风格，使听众感受到主持人真诚的关怀和情感支持。

总之，情感音频节目主持人文化审美修养的提高，使得他们在节目中不仅仅是情感的传递者，更是情感的引导者和治疗者。通过艺术化的语言和情感化的表达，主持人能够在节目中构建起一个情感共鸣的空间，使听众在节目的陪伴下，感受到情感上的温暖与支持。这种情感的共鸣不仅仅满足了听众的情感需求，更帮助他们在日常生活中找到积极的应对方式和心灵慰藉。

5. 少儿音频节目的文化审美修养

少儿音频节目对主持人的文化审美修养提出了独特的要求。作为儿童的启蒙导师和文化传递者，主持人不仅需要具备良好的语言表达能力，还需要通过富有创意的语言风格和充满想象力的表达方式，吸引儿童的注意力，激发他们的好奇心和学习兴趣。在少儿音频节目中，主持人承担着双重角色：一方面，他们要通过语言传递知识；另一方面，他们也需要通过生动有趣的语言和情感表达，帮助孩子们在轻松愉快的氛围中理解世界，培养他们的审美情趣和文化兴趣。

首先，少儿音频节目主持人需要具备良好的语言艺术化表达能力。相比成人，儿童的语言理解能力、接受方式和兴趣点都有很大不同，因此，主持人在少儿音频节目中的语言风格需富有创意和趣味性。通过生动的语言和有趣的故事情节，主持人能够将复杂的知识和道理转化为孩子们能够理解的语言形式，使得节目内容既简单又有趣。例如，在讲解科学知识时，主持人可以通过拟人化、形象化的比喻和有趣的故事情节，使抽象的知识变得具体、生动，增强孩子们对知识的兴趣和认同感。

其次，少儿音频节目主持人需要在语言的情感表达上更加细腻与丰富。儿童的情感体验通常与他们的生活经验和认知水平相关，因此主持人需要通过富有感情的语言来引导和激发孩子们的情感。在一些亲子教育类节目中，主持人通过亲切、温暖的语气，鼓励孩子们表达自己的想法和情感，并通过与孩子们的互动，使其产生亲切感和信任感，从而帮助他们在快乐的氛围中获取知识。

最后，少儿音频节目主持人需要具备对儿童心理和文化需求的敏锐洞察力。主持人在节目创作和语言表达时，需要充分考虑到不同年龄段儿童的认知发展特点以及他们的学习需求。例如，较小的孩子对颜色、形状和声音的反应更为敏感，主持人可以通过语言的色彩性和节奏感来增强他们的参与感；而对于年龄稍大的孩子，主持人则可以通过更具挑战性的语言表达和故事情节，帮助他们扩大知识面、提高思考能力。

总体来说，少儿音频节目对主持人的文化审美修养提出了多方面的挑战与要求。优秀的少儿音频节目主持人不仅要具备深厚的文化底蕴，还要通过生动、富有创意的语言表达，引导孩子们在轻松愉快的氛围中接受文化的熏陶，培养他们的审美情趣和文化认同。随着教育理念的不断更新，少儿音频节目在语言表达上的艺术化和情感化将变得更加重要，主持人的文化审美修养也将成为提升节目质量和影响力的关键。

6. 体育音频节目的文化审美修养

体育音频节目是颇具活力和激情的一类节目，其独特之处在于通过语言表达传递体育赛事的热烈氛围以及比赛中的情感起伏。体育音频节目主持人不仅要具备扎实的体育知识和对比赛动态的敏锐把握，还需要具有较高的文化审美修养，通过艺术化的语言表达，将体育竞技的速度感、张力和激情转化为令人兴奋的听觉体验。在这一过程中，主持人不仅要精准描述比赛场上的瞬息变化，还要通过情感的渲染和语言的艺术化表现，增强节目的观赏性和听众的参与感。

首先，体育音频节目主持人能够通过语言来表达比赛的激情和紧张氛围。在体育音频节目中，主持人不仅是信息的传递者，更是情感的引导者和赛事氛围的制造者。主持人通过语言的节奏、语气的起伏和语速的变化，生动地再现了比赛中的高潮迭起和瞬间转折。这要求主持人不仅要快速熟悉和理解比赛内容，还要能够通过语言的艺术性，强化比赛场面带来的情感冲击。例如，在描述比赛的关键时刻时，主持人常通过加快语速和运用激昂的语气，将比赛的紧张感和现场观众的情绪波动传递给听众。

其次，体育音频节目主持人的语言表达往往需要兼具激情与理性。主持人在激烈的比赛过程中，通过精确而富有节奏感的语言，既能准确传递赛况，又能调动听众的情绪。主持人的语言风格在其中起着至关重要的作用，通过语言的巧妙选择，既展现比赛的紧张激烈，又保持语言的清晰和理性，是体育音频节目主持人一项重要的艺术技巧。在此过程中，主持人常常需要根据比赛节奏的变化灵活调整语言的音调和节奏，通过不同的语言表现方式增强节目的动感和临场感。

最后，体育音频节目主持人要能准确传达比赛背后的历史与文化。体育作为一种文化现象，不仅代表着竞技本身，还承载着更深层的文化与社会意义。主持人通过对比赛的文化背景、历史沿革以及地域特色的讲解，为听众提供更为丰富的赛事解读，使得节目内容具有更高的文化价值。例如，在介绍一场足球比赛时，主持人可能会提到该项赛事背后的文化渊源、历史传承以及对当地社会的深远影响，这不仅可以帮助听众更好地理解比赛的意义，也可以在潜移默化中增强听众对比赛的认同。

总体而言，体育音频节目主持人通过良好的文化审美修养，将体育竞技的激情与社会文化的内涵紧密融合，从而为听众带来一场感官与思想的双重享受。通过艺术化的语言和情感化的表达，主持人不仅能够为听众呈现赛事本身的紧张氛围，还能够传递出体育精神和文化价值。这种文化的升华，使得体育音频节目不仅仅是信息的传递者，更成为文化和精神的传播者，由此也增强了节目的影响力。

7. 广播剧音频节目的文化审美修养

广播剧作为一种富有艺术性和表现力的音频节目，不仅通过语言传递故事情节，还通过精心构建的音效和声音表演来创造情感氛围。在这类节目中，主持人和配音演员的文化审美修养发挥着至关重要的作用。广播剧音频节目主持人不仅要语言表达简洁有力，还需要通过生动的艺术语言，生动呈现故事情节和人物形象，带给听众丰富的想象空间和审美享受。

首先，广播剧音频节目主持人需要通过语言艺术化地传递故事的情感和深层次文化内涵。广播剧依靠声音来传递情感和情节，主持人需要通过声调的变化、语言的节奏和音量的控制来塑造人物的情感波动和情境的起伏。文化审美修养较高的主持人能够巧妙地运用语言的声调和节奏感，使语言不仅仅是传递信息，更能表达情感。例如，在描述一场情感冲突或一件悬疑事件时，主持人可以通过加快语速或提高音调的方式，强化情节的紧张感，帮助听众感受到情节中的情感波动和思想深度。

其次，广播剧音频节目的成功离不开主持人与配音演员的紧密合作。主持人需要具备较高的语言艺术修养，能够协调各方声音的配合，使得情节更加生动有趣。通过合理的语言安排和艺术化的表达，主持人不仅要让每个角色的声音与个性相符，还要让整部作品的情感和主题得到统一和升华。例如，在改编经典小说或戏剧作品时，主持人通过语言的艺术化处理，不仅要传达出原作的情感内涵，还要在语言的基础上为作品增添新的文化意义和时代感。

最后，广播剧音频节目主持人还要注重对作品背后文化内涵的挖掘与传递。在广播剧音频节目中，主持人往往需要对故事的文化背景、历史背景进行深度挖掘，并通过语言传达给听众。这种文化背景的融入，使得广播剧音频节目不再是单纯的娱乐消遣，而是充满了历史的厚重感和文化的深度。例如，在改编具有社会历史背景的小说时，广播剧音频节目主持人需要通过讲解故事发生的时代背景、社会环境及其对人物命运的影响，帮助听众更好地理解故事的深层次意义。

总之，广播剧音频节目主持人在语言艺术表达上不仅要精准、简洁，还要具有深厚的文化底蕴和艺术感知力。通过独特的语言风格、情感化的表达和对文化内涵的深刻挖掘，主持人能够有效地将小说作品的精髓传递给听众，增强广播剧的艺术性与文化价值。通过这种艺术化的语言与情感表现，广播剧音频节目不仅能够吸引更多听众的注意力，还能够为广大听众提供更深层次的文化享受。

综合来看，音频节目主持人文化审美修养的提升需要多方面的努力。首先，主持人需要不断学习和积累各种文化知识，包括文学、历史、艺术、哲学等领域的内容，这些知识为主持人提供了丰富的文化素材，提高了主持人的语言表达水平。其次，主持人要通过实际的节目主持和创作，不断优化语言表达的方式。最后，主持人可以通过与听众的互动以及对文化现象的观察和思考，深化对社会和文化的理解，不断提升自己的文化审美修养，以便更好地服务于听众，为音频节目注入更多的文化内涵和艺术魅力。

二、音频节目主持人的声音塑造与表现力

主持人的声音塑造与表现力是音频节目中至关重要的要素。主持人要根据不同类型的音频节目的特点灵活调整自己的声音，以便准确传递信息、情感和氛围。主持人的声音不仅仅是内容的载体，更是节目风格与文化氛围的塑造要素。在七种不同类型的音频节目中，主持人在声音塑造与表现力方面展现出各自独特的艺术技巧。

在新闻音频节目中，主持人需要采用简洁、精准、清晰的语言风格，以确保信息的快速、有效传递。主持人通常通过较为中性的音调来表达新闻事实，避免过多的情感色彩。语速适中、语气平稳且权威，使听众能够迅速理解新闻内容。在紧急事件或突发新闻的报道中，主持人则通过语调的微妙变化和稍快的语速，增强事件的紧迫感，突出新闻的重要性与紧急性。

文艺音频节目通常注重艺术表现力与情感传递，主持人的声音需要具有柔和、富有情感波动的特点。主持人在介绍文学作品或诗歌时，通过细腻的语调和适当的停顿，创造出富有艺术氛围的语言环境。语速富有节奏感，能够让听众沉浸在作品的情感与美学中。主持人通过声音的表现力，在传达作品内涵的同时，也向听众传递了浓厚的艺术气息，使节目充满文化韵味和艺术深度。

在社教音频节目中，主持人的声音需要展现出一种温和且富有感染力的特质。主持人通过亲切、富有亲和力的语调，让听众在轻松愉悦的氛围中获取知

识。主持人的语言表达既要具备知识的权威性，又要在情感上给予听众支持和安慰，帮助他们更好地理解和思考社会问题。

情感音频节目关注的是情感的传递与共鸣，主持人通过语言的艺术化表达和情感化的语调，引导听众走进节目内容，帮助他们在情感上得到释放与慰藉。主持人往往采用柔和、温暖的语气，缓慢的语速，以及富有情感起伏的语调来与听众形成情感共鸣。在处理一些感人的故事或问题时，主持人能够通过适当的音量变化和细腻的语气调整，增强节目内容的情感浓度，让听众感受到共情与慰藉。

少儿音频节目要求主持人具备生动、富有表现力的语言风格，以吸引儿童的注意力并激发他们的好奇心。主持人的声音要富有变化，语调轻快、活泼，并且能够通过夸张的语气和富有节奏感的表达方式来增强节目的趣味性和娱乐性。主持人通过语言的生动性与趣味性，引导孩子们在欢乐的氛围中学习知识、了解世界，同时激发他们的创造力与审美趣味。

体育音频节目要求主持人能够在比赛紧张与激烈的氛围中调动听众的情感。主持人通常通过加快语速和提高音调，带动听众的情绪，并在比赛高潮时通过声音的激昂与音量的提高，增强比赛的紧张感与激情。例如，在比赛的关键时刻，主持人可能会通过语言的迅速起伏，制造悬念，吸引听众的注意力。主持人的声音不仅要反映比赛的节奏，还要体现运动员的拼搏精神和比赛的竞技性，使得节目充满动感和冲击力。

广播剧音频节目通过音效、配乐和主持人的语言艺术，构建出一个具有空间感的听觉世界。主持人在这一类型的节目中扮演着情感传递者和故事讲述者的双重角色。主持人不仅要讲述故事情节，还要通过声音的表现力来塑造人物形象和营造情感氛围。主持人通过音色的变化、音调的高低以及停顿的巧妙安排，能够让听众清晰感受到人物的性格、情感和故事背景。在情节冲突的关键时刻，主持人要通过情感充沛的语气变化和情绪化的语调，为故事增添戏剧张力。

通过以上分析，可以看出音频节目主持人的声音塑造与表现力是节目创作中的核心要素。不同类型的音频节目要求主持人根据内容与情境的不同，灵活调整声音的表现方式与艺术手法。无论是新闻音频节目所要求的简洁、精准，还是情感音频节目所要求的深情传递，主持人都要通过对声音的精心调控，传递情感、塑造氛围，增强节目效果。通过对声音的灵活运用，主持人不仅能让节目内容更加生动、有趣、富有感染力，还能在传播信息的同时，创造出深层的文化与情感共鸣。

三、音频节目主持人的叙述风格与语言节奏

音频节目主持人的叙述风格与语言节奏在节目效果的呈现中起着至关重要的作用。主持人要根据不同类型的音频节目内容特点，灵活调整自己的叙述风格与语言节奏。恰当的语言节奏感不仅能帮助听众更好地理解内容，还能影响听众的情感体验，使他们产生共鸣。在七种常见的音频节目中，主持人通过不同的叙述风格与语言节奏来实现节目效果。

新闻音频节目的叙述风格通常要求简洁、准确、快速。主持人通过清晰有力的语言传递事实，确保信息的无误与及时。语言节奏上，新闻音频节目主持人通常采用较快的语速和客观的叙述方式，以确保信息的快速、准确传播。其停顿的使用非常关键，通常在新闻播报的关键数据或事实后会有短暂的停顿，给予听众足够的时间消化信息。新闻音频节目整体风格偏向理性和权威，主持人通过流畅的语言节奏，确保听众能准确把握事件的核心。与电视新闻节目不同的是，音频新闻节目的听众是靠声音捕捉关键信息，因此在确保新闻内容精准的同时，主持人的表述方式要浅显易懂，这关键的一步有助于提升音频节目用户的收听体验。

文艺音频节目通常以艺术性为核心，主持人的语言更多表现为温暖、感性和浪漫。其叙述风格通常富有诗意，语言表达倾向于修辞性和表现性，以此激发听众的情感共鸣。在语言节奏的把握上，文艺音频节目主持人往往会使用较慢的语速，并通过轻柔的语调和恰到好处的停顿，营造出宁静、舒缓的氛围。这种节奏与情感的结合，不仅有助于提升节目的艺术价值，还能够让听众沉浸于节目所营造的情感氛围中。

社教音频节目的核心任务是传播知识、提升听众的社会认识和文化素养。主持人的叙述风格注重理性与教育性，语言清晰简洁，同时又不失亲和力。在语言节奏上，主持人通常采用稳定而有条理的语速，确保听众在理解信息时不会感到有压力。在一些教育性话题的讨论中，主持人适时的停顿能够让听众更好地思考问题。社教音频节目往往注重与听众的互动与情感交流，主持人需要

根据话题的复杂程度适时调整语速和语调，以便听众更好地理解和接受节目内容知识。

情感音频节目的核心是情感的传递与共鸣，因此主持人的叙述风格要柔和、亲切、具有感染力。其语言的节奏应柔缓而富有层次感，以便传递情感的波动，引起听众的共鸣。在情感音频节目中，主持人通常会通过放慢语速并加强情感表达力度的方式，来突出节目的情感诉求。通过细腻的语调变化和轻微的停顿，主持人能够有效调动听众的情绪，使他们在情感上得到共鸣和抚慰。此外，情感音频节目主持人的语速和语调有时需要根据节目内容的变化进行微调，以确保情感的传递与听众的情感波动保持一致。

少儿音频节目的叙述风格强调趣味性与互动性，主持人常采用颇具创意、简洁明了且富有表现力的语言，以吸引儿童的注意力。在语言节奏的把控上，少儿音频节目主持人通常使用较快的语速、活泼的语言，以适应儿童听觉的接受能力和情绪反应。然而，这种较快的语速需要在适当的时机进行调整，通过短暂的停顿或者强调，帮助儿童更好地理解节目的内容。少儿音频节目主持人通过富有表现力的语气和节奏变化，使内容既生动又充满趣味性，增加节目的吸引力。

体育音频节目要求主持人在比赛中即时提供信息，准确描述比赛进程与赛事变化。在体育音频节目中，主持人需要快速、清晰地描述比赛状况，因此语言节奏通常较快，并伴随高亢激昂的语调，以传达比赛中的紧张感和兴奋感。在某些重要时刻，主持人也会通过适时的语速减缓和停顿，突出比赛的高潮部分或关键事件。例如，在比赛的关键时刻，主持人的播报可能会暂停片刻，让听众聚焦在一个精彩的瞬间。体育音频节目的叙述风格要保持活力和激情，同时确保信息的准确传递。

广播剧作为一种融合声音艺术与叙事技巧的音频节目，其叙述风格往往具有戏剧性和表现力。主持人在进行故事讲述时，往往通过声音的变化来增强情感的表现和加大故事的张力。在广播剧音频节目中，主持人的语言节奏会根据剧情的发展变化进行调整。例如，在故事的高潮部分，主持人可以通过加快语速、提高音调来增加紧张感；而在情感描写部分，则通过放慢语速并加入更多的停顿来渲染情感氛围。这种语速和节奏的变化，使得听众的注意力更为集中，同时也提升了听众的体验效果。

综合而言，音频节目主持人的叙述风格与语言节奏是节目效果的关键因素。不同类型的音频节目都有其独特的语言表达需求，主持人需要根据节目的特性和听众的需求，灵活调整语言的风格与节奏。通过语言的精准把握和节奏的变化，主持人不仅能有效传递信息，还能提升节目的艺术感染力和情感共鸣力。

四、音频节目主持人的情感表达与听觉共鸣

音频节目作为一种以声音为唯一媒介的传播形式，其主持人的情感表达和听觉共鸣在节目的传播效果中起着关键作用。音频节目不仅是信息传递的工具，更是情感交流与心理沟通的重要桥梁。主持人通过声音的表达，能够在听众的心中产生深远的影响。主持人通过细腻的情感表达与精准的声音塑造，能够为听众提供情绪价值，激发他们的情感共鸣，让音频节目不仅仅是信息的载体，更是情感与认知的传播者。

（一）情感表达的多维度性与心理学沟通

音频节目主持人情感表达的多维度性，主要体现在声音的调控、语气的变化和情绪的传递上。音频节目作为以声音为唯一媒介的传播方式，主持人的声音是与听众进行心理沟通的关键工具。根据受众心理学，听众的情绪反应与声音的表现力、节目的语言风格密切相关。主持人通过音调的起伏、语速的调节、语言的节奏等方式，有效激发听众的情绪反应，从而增强听众对节目的参与感和情感投入。

在情感表达的过程中，主持人通过语言的细腻变化，能够引导听众的情感走向。心理学研究表明，情感表达的效果不仅取决于语音的音量、语调的高低，还与主持人的情感投入密切相关。当主持人真实地投入情感到节目中时，听众的情绪也会随之发生变化，形成共鸣。例如，主持人在讲述感人故事或讨论心理话题时，如果能通过温暖而富有感情的语调来表达，投入情感，听众会感受到更多的情感支持，产生更大的共鸣，得到心理上的放松与安慰。这种情感的传递和沟通，使得节目不仅作为信息的载体，更成为听众情感的寄托和心理的支撑。

（二）听觉共鸣的形成与情绪价值的提供

听觉共鸣是音频节目中主持人与受众之间情感连接的核心体现。通过精准的声音表现和情感表达，主持人能够在听众的内心世界引发共鸣，激发听众的情感反应，从而提升节目内容的感染力和吸引力。音频节目的一个重要目标就是通过声音让听众感同身受，使他们在情感上与节目产生共鸣，从而增强对节目内容的认同感。

这种听觉共鸣的形成，离不开主持人向听众传递的情绪价值。情绪价值指的是通过声音传递给听众的情感体验，它不仅仅是情绪的传递，更是一种心理的回应。在节目中，主持人通过语言表达与声音的艺术化呈现，让听众在情感上得到共振，进而增强听众对节目内容的参与感与投入感。情感音频节目、文艺音频节目等，尤其需要通过细腻的情感表达来传递温暖与慰藉，使听众感受到心理上的安慰和情绪上的释放。

例如，在情感音频节目中，主持人通过柔和的语调和真挚的情感传递，可以为听众提供情绪价值，帮助他们舒缓压力，排解负面情绪。在节目中，主持人常常通过细腻的语言与温暖的声音，帮助听众走出心理困境，激励他们保持积极乐观的心态。根据沟通心理学，情感的有效传递不仅能够提升节目的听觉效果，还能提升听众对节目的忠诚度。

（三）情感表达的艺术化与情绪调节功能

音频节目中的情感表达，不仅要真实和自然，还要具备艺术性。主持人通过声音的表现和语言的艺术化运用，将情感从单纯的情绪波动转化为深刻的艺术体验。优秀的音频节目主持人常通过调控语音、语调、语速以及停顿等要素，在听众的心中引起一系列的情感反应。主持人通过这些技巧，使得情感表达更具艺术性和感染力，从而提升节目的审美价值。

情绪调节功能是音频节目主持人情感表达的另一核心功能。心理学研究表明，人们通过听觉接收信息时，往往会根据声音的变化产生情绪反应。在这一过程中，主持人不仅仅是情感的传递者，还是听众情绪的调节者。主持人通过语言的艺术化表达，能够调节听众的情绪，使他们的心理状态向不同方向转变。例如，在讲述一则充满悲伤的故事时，主持人通过逐渐升高的语调和慢节奏的语言，使听众进入情感的高潮并产生强烈的共鸣；而在讲述解决方案或鼓励性的话题时，主持人又可以通过语速加快、语气坚决的方式，激励听众积极行动，帮助他们调整心态，传递正能量。

（四）听觉共鸣与受众心理的有效契合

音频节目不仅要与听众的情感发生共鸣，还要满足听众的心理需求。根据受众心理学，音频节目的成功在于其是否能够准确识别和回应听众的心理需求。主持人在情感表达中必须精准把握受众的情感状态和心理需求，进而通过恰当的声音和语言风格与之契合。

例如，在情感音频节目中，主持人通过感同身受的情感表达，与听众的心理状态进行有效契合。当听众处于焦虑或孤独的情绪中时，主持人通过温柔、关切的语言，帮助他们缓解情绪，传递安慰和希望；而当听众处于愉悦、兴奋或激动的情绪时，主持人则通过更为热情和激昂的语言表达，增强节目的感染力和共鸣感。通过这种情感表达的精准匹配，主持人能够在不同情境下为听众提供情绪价值，帮助他们调节情感状态，从而更好地参与节目并获得积极的情绪反馈。

综合来说，音频节目主持人的情感表达与听觉共鸣不仅是传递信息的工具，更是建立主持人与听众之间深刻情感联系的桥梁。通过声音的艺术化表达和精准的情绪调控，主持人能够为听众提供情绪价值，帮助他们在心理和情感上获得支持。在这一过程中，主持人通过灵活运用语言和声音，既满足了听众的情感需求，又促进了情感的传递与心灵的共振。

五、音频节目主持人的即兴表达与应变能力

音频节目主持人不仅要具备良好的语言表达能力和扎实的专业知识储备，还需要在面对突发情况或意外挑战时展现出极强的即兴表达与应变能力。即兴表达能力是指主持人在没有预设稿件或框架的情况下，通过个人语言技巧、临场反应和创造性思维，迅速生成符合节目要求的内容并准确传达信息。应变能力则是指主持人处理现场突发事件、应对不同听众反应和调整节目进程的能力。这种能力直接影响节目的流畅度和收听体验，是主持人职业素养中不可或缺的部分。

（一）即兴表达的重要性与技巧

即兴表达不仅考验主持人对语言的灵活运用，还涉及对节目主题、受众需求和场合氛围的快速把握。音频节目往往面临突如其来的变化，例如临时插入的访谈环节、突发的技术问题或新闻事件的紧急插播，等等。主持人必须能够迅速调整语气、语速和内容，保持节目的连贯性和吸引力。

通过培养即兴表达的能力，主持人能够在节目当中更加灵活、自如。在新闻音频节目中，主持人通常需要在短时间内根据新闻素材的变化调整播报内容。例如，在突发新闻的情况下，主持人不仅要快速获取信息，还需要在语言表达上做到精准和简洁，以确保将信息快速传达给听众。此外，在文艺或情感音频节目中，即兴表达能力则更加注重情感的调动效果和语言的感染力，主持人通过敏锐的情感感知和语言调控，能够适时引导听众的情绪和思维。

即兴表达不仅仅是对语言的简单组织，还要求主持人具备丰富的文化素养和情绪敏感度。优秀的主持人能够根据节目内容的变化灵活调整语言风格，使即兴表达既自然流畅，又不失艺术性和表现力。例如，在主持一场文化类节目时，主持人可以根据听众的反馈灵活调整话语的亲和力，既保持专业性，又让听众感受到节目内容的亲切与温暖。

（二）应变能力的关键作用

应变能力是音频节目主持人的另一项核心能力，它要求主持人在节目当中能够快速反应并应对各种突发情况。例如，在音频节目录制过程中出现技术故障时，主持人必须迅速保持冷静并通过语言来填补空白，以免节目中断。在这一过程中，主持人的应变能力不仅仅表现为话语的应急调整，还涉及对情境的分析与应对策略的制定。

应变能力与主持人的心理素质密切相关。优秀的主持人能够在压力下保持清晰的思维，并用适当的语言表达来化解突发状况。例如，在节目中听众出现情绪波动时，主持人可以通过舒缓语气、温和表达等来平复听众的情绪，同时保持节目的专业性和内容的连贯性。在这一过程中，主持人通过话语的应对、语气的调节和情绪的引导，充分展现出应变能力和现场控制力。

此外，应变能力的提升也离不开对听众心理的把握。根据受众心理学，听众的情感和思维反应对音频节目主持人的应变能力提出了更高的要求。在主持情感音频、社教音频等节目时，主持人需要快速判断听众的情绪波动情况，并迅速调整语言内容和表达方式。例如，在处理听众反馈时，主持人恰到好处的语气变化和情感引导，有助于迅速调节节目气氛，使节目始终保持良好的录制状态。

（三）语言的艺术性与应变能力

良好的即兴表达和应变能力，要求主持人不仅具备快速的反应能力，还能够在紧急情况下依然保持语言的艺术性和表现力。这要求主持人在任何时刻都能够敏锐捕捉到节目的整体氛围，并通过语言技巧将突发事件转化为节目亮点。主持人的语言应具有高度的适应性和可塑性，以便在不同的情境下呈现出与节目调性相符的语言风格。

例如，在体育音频节目中，主持人面对比赛的紧张局势，需要迅速调动语言的节奏和情感，将比赛的高潮通过声音传递给听众。同时，主持人在比赛间隙或比赛突然中断时，能够通过语言的应急调整和背景知识的补充，保证节目内容的流畅。在文艺音频节目中，主持人面对突发的文化新闻或节目的临时调整，能够通过情感充沛的语言和适当的幽默感，保持节目的艺术性和感染力。

（四）应变能力与受众情感的有效连接

音频节目主持人的应变能力还表现在主持人能够通过声音的快速调整，与听众的情感实现同步。音频节目的听众往往依赖声音，将其作为信息的唯一载体，因此主持人通过快速调整语气、音量和节奏，能够与听众的情感实现同步。例如，当节目出现技术问题时，主持人通过幽默和自嘲的语言，能够化解听众的焦虑情绪，营造出轻松的节目氛围，这样的情感共鸣对于节目内容的传达和受众的情感认同至关重要。

主持人的应变能力不仅表现为语言和情感的快速调整，还体现为与听众情感的深度连接。主持人能够根据听众心理的变化，调整自己的情感输出，使听众在听觉和情感上都能保持对节目的高度关注和参与。这种情感的精准调控和语言的即时反应，是主持人应变能力的重要体现，也是音频节目成功的关键因素。

综合而言，音频节目主持人的即兴表达与应变能力是音频节目的核心组成部分。主持人通过灵活的语言表达和快速的反应能力，能够有效应对节目的突发事件和情感波动，保持节目的流畅性和感染力。无论是在新闻音频节目、情感音频节目、体育音频节目还是文艺音频节目中，主持人都需要具备强大的语言调控能力和应急反应能力，以便在瞬息万变的节目环境中始终保持与听众的情感共鸣。通过不断提升即兴表达和应变能力，主持人能够为音频节目注入更多的活力和感染力，为听众提供更加丰富的情感体验。

六、音频节目主持人的个性化语言风格

音频节目主持人的个性化语言风格是节目吸引力和主持人辨识度的重要体现。每一位主持人都有自己独特的语言表达方式，结合其个性、情感表达能力和文化修养，这种语言风格不仅影响节目的氛围与效果，还能够与听众建立深层的情感联系。在音频领域，个性化语言风格的塑造不仅关乎语言技巧的掌握，更与主持人对节目的理解、对受众的把握以及对自身特色的发挥息息相关。

（一）个性化语言风格的构成要素

个性化语言风格通常由这几个要素构成：语言的表达方式、语气的调控、词汇的选择以及语言节奏的安排。音频节目主持人通过巧妙运用这些要素，形成独特的声音印象和语言风格，进而使节目在众多同类节目中脱颖而出。

具体来说，主持人的语言表达方式通常决定了他们节目的调性。例如，有的主持人偏爱幽默风趣的语言，能够通过笑话和轻松的语气打破沉闷，吸引听众的注意；有的主持人则更倾向于严肃而深刻的语言风格，以保证节目的权威性和思想深度。个性化的语言表达方式不仅是主持人的语言特色的体现，也是节目的风格符号。语气的调控是主持人个性化语言风格的重要组成部分。主持人通过不同情境下语气的变化，如温柔、激昂、亲切、坚定等，展现其对节目的把控能力。同时，语气的变化也能让听众感受到主持人情感的投入与真诚。主持人通过细腻的语气调控，能够调动听众的情感，更有效地激发情感共鸣。词汇的选择以及语言节奏的安排，不仅体现主持人的语言水平，还能反映其个性和情感色彩。个性化的语言风格往往离不开主持人对词汇的精确运用，主持

人通过独到的选词用词使语言更具表现力和创造性。例如，在情感音频节目中，主持人可能运用一些温暖、亲切的词汇来表达对听众的关怀和慰藉，而在新闻音频节目中，主持人则会使用更为严谨、精准的语言来传递信息。

（二）个性化语言风格对音频节目的影响

个性化语言风格对音频节目的成功起到至关重要的作用。它不仅帮助主持人在节目中与听众建立独特的关系，还影响着节目的受欢迎程度和听众的忠诚度。主持人个性化语言风格的形成，往往与其个人特质和对音频内容的理解密切相关。通过语言的精准表达和个性化的情感渲染，主持人能够让节目更加生动、充满活力，并在长期的音频节目播放过程中培养出稳定的听众群体。

例如，在情感音频节目中，主持人的个性化语言风格尤为重要。个性化的情感表达方式能够帮助主持人打破情感上的壁垒，让听众感受到自己与主持人之间的情感连接。主持人通过自己独特的语言风格，可以与听众在情感上产生共鸣，并让节目内容更加触动人心。这种情感上的共鸣，不仅使节目更具吸引力，还能提高听众的忠诚度。

同时，个性化语言风格也能够在新闻音频节目中展现其独特的作用。在信息传递高度集中的新闻音频节目里，主持人的个性化语言风格能够突破传统的单一报道方式，使得信息的传达不是冷冰冰的事实汇报，而是富有温度、情感和思考。这种风格不仅使节目内容更具亲和力，也帮助听众从不同的视角理解和吸收信息。

（三）个性化语言风格的塑造与主持人的认知

主持人的个性化语言风格的形成，与其自我认知密不可分。主持人首先要具备对自身语言特点和情感表达方式的深入了解，并根据自己的个性和气质，选择最适合自己的语言风格。在这一过程中，主持人不仅需要通过反复练习、积累经验来提升自己的语言技巧，还需要在实践中不断调整和优化自己的语言风格，以便更好地契合不同节目内容和受众的需求。

此外，个性化语言风格的塑造与主持人对文化背景和社会环境的理解程度密切相关。主持人通过对文化内涵和社会背景的深刻理解，能够在节目中运用恰当的语言技巧，以独特的方式传递信息。例如，在文艺音频节目中，主持人可以通过对文学作品或艺术作品的分析，结合自身的理解与情感，展现出具有深度的个性化语言风格，使节目内容不仅富有知识性，还充满艺术感染力。

（四）个性化语言风格的挑战与机遇

尽管个性化语言风格能够为音频节目带来巨大的帮助，但在实践中，也面临着一定的挑战。一方面，个性化语言风格需要达到专业性与亲和力的平衡，或许在文艺音频节目中主持人个性化的表达很受听众欢迎，但在较为严肃的新闻音频节目中，主持人就需要确保语言表达的准确性与严谨性，避免因过于个性化的表达而影响节目的信息传达效果；另一方面，主持人需要在情感表达上保持真诚与自然，避免让个性化语言风格过于刻意，以防破坏听众对节目的认同感。

综合来看，随着音频领域对创新与个性化要求的提高，主持人拥有更多展现自己个性化语言风格的空间和机会。在多样化的音频节目中，主持人可以通过独特的语言风格，打破传统音频节目的单一表达形式，创作出更多符合受众需求的节目内容，进而增强音频节目的吸引力。显而易见，音频节目主持人的个性化语言风格是节目成功的关键因素之一。主持人通过巧妙的语言表达、情感调控和声音的艺术化运用，能够为节目赋予独特的氛围和辨识度。无论是在新闻音频节目、情感音频节目，还是文艺音频节目中，主持人通过个性化的语言风格能够与听众建立深厚的情感连接，并提升节目的吸引力与听众忠诚度。个性化语言风格的塑造，需要主持人充分认识自身特点，结合节目内容进行灵活调整，同时确保在个性化表达与专业性之间取得平衡。

第三章　新闻音频节目创作分析与实训

新闻音频节目的本质在于事实的精准传达、逻辑的清晰表达以及观点的深度输出。随着媒介融合的发展，新闻音频节目的传播方式正在从传统单向播报向交互式、评论式、深度解析式演进。在这一过程中，"5W"原则（Who、What、When、Where、Why）成为新闻节目文本创作和主持表达的核心框架，确保新闻的完整性、逻辑性和深度解读能力。

一、新闻音频节目的语言特征与审美价值

新闻音频节目的语言特征主要体现在简洁性、精准性、可听性和感染力四个方面。传统新闻报道讲求"硬新闻"的客观性与时效性，因此语言表达应尽量避免主观色彩，注重信息的准确性和逻辑性。然而，现代新闻报道正在向"软新闻"过渡，即通过故事化表达、情境化叙述和人文关怀等增强听众的新闻参与感。例如，在报道突发新闻时，主持人应紧扣"What"（发生了什么事）和"When"（时间节点），迅速向听众传递关键信息；而在评论类节目中，"Why"（原因分析）和"How"（影响分析）则成为核心内容，使听众能够在深度解析中形成独立判断。

新闻音频节目的审美价值体现在其声音节奏的掌控、文本表达的层次感以及情绪渲染的精准度。优秀的主持人能够通过适当的停顿、重音处理、语气变化，使新闻报道更具层次感。例如，在报道政策新闻时，主持人需要运用正式、中性的语调，以增强权威性；而在社会新闻或人文故事报道中，主持人可以通过温和、易引起共鸣的语气，增强听众的代入感。

二、新闻音频节目文本的创作策略

新闻音频节目文本的撰写必须严格遵循 "5W" 原则，确保新闻事实的完整性和逻辑性。例如：

Who（谁）——明确新闻事件的主体，如政府部门、企业、公众等；

What（什么）——描述新闻事件的具体内容，如政策调整、科技突破等；

When（何时）——交代事件发生的时间，确保新闻的时效性；

Where（何地）——交代事件的发生地点，提供空间定位；

Why（为什么）——剖析事件背后的原因，并结合专家观点进行解读。

以新闻评论节目为例，主持人需要在传统 "5W" 原则的基础上，补充 "How"，以增强观点的深度。例如，在讨论一项经济政策时，主持人可以首先介绍政策的背景，然后分析政府的立场和行业影响，再结合社会舆论进行评论。

在文本写作过程中，还应注重语言的层次性和信息的递进关系。以报道国际新闻为例，新闻稿撰写应采用 "倒金字塔结构"，即：

开头部分（Lead）：用简练的语言概括事件的核心信息（Who、What、When、Where）。

主要内容（Body）：对事件进行原因分析，并提供专家观点（Why）。

结尾部分（Conclusion）：总结新闻影响，并引导听众思考（How）。

三、新闻音频节目主持语言表达技巧

新闻音频节目主持人的语言表达不仅涉及语音语调的精准控制，更考验主持人的逻辑思维和即兴表达能力。在全媒体环境下，新闻音频节目主持人需要具备三种核心表达技巧：

事实播报——确保新闻信息的精准传递，语调稳定，语速适中。

深度解析——结合 Why & How 帮助听众理解新闻事件的原因及影响。

新闻评论——输出观点，结合权威数据或专家解读，引导舆论方向。

在新闻评论节目中，主持人不仅是新闻事实的传递者，更是公共议题的引导者。优秀的新闻评论员需要结合事实证据、逻辑推理、价值判断，才能增强公信力。例如，在讨论环境污染问题时，主持人可以采用类比法（如"PM2.5 的危害相当于每天吸入 10 根香烟"）增强听众的直观感受，也可以通过设问法（如"治理雾霾，我们能做些什么?"）引导听众思考。

新技术的发展正在重塑新闻音频节目的语言艺术，其中 AI 和数据新闻成为行业变革的重要驱动力。AI 语音合成技术的应用，使新闻音频节目能够实现 24 小时不间断播报，但同时也对主持人的个性化表达能力提出了更高要求。例如，AI 播报的优点是精准高效，但缺乏情感共鸣，因此人类主持人需要更加注重新闻的情绪渲染和听众互动，以弥补技术的不足。

此外，基于大数据技术的发展，数据新闻渐成新闻行业发展的重要趋势。主持人在报道经济、科技、社会议题时，要将复杂的信息转换为直观的听觉体验。例如，在财经新闻报道中，主持人可以通过数据对比、趋势分析等，帮助听众更直观地理解市场变化。

未来，新闻音频节目主持人需要具备更强的逻辑思维、即兴表达能力、观点输出能力，以适应多元化传播环境，并为听众提供更加立体化、智能化的新闻体验。

四、新闻音频节目案例解析与实训

案例 1 《声动早咖啡》

《声动早咖啡》以"15 分钟高效充电"为核心，更新频率为每日一更，旨在为听众提供与日常生活紧密关联的商业科技动态解读，在打破信息差的同时，用轻快节奏唤醒听众思维活力，帮助听众同步全球商业脉搏，以高能量状态开启新一天。下面以其中一期节目为例：

节目内容

咖啡豆 | 从奥斯卡影后到诺奖得主，为什么成功背后总觉得自己"冒名顶替"①

开头

梦一（主持人）：用声音碰撞世界，生动活泼。嗨，各位早上好，今天是 2025 年 3 月 7 号星期五，这里是《声动早咖啡》，我是梦一。LV 为什么要推出美妆产品？OpenAI 是怎么给自己的代理产品定价的？（先引入次要话题吸引眼球）今天我们节目的上半部分就会回答这些问题。

在今天节目的后半段，也就是我们的"咖啡豆回复时间"里，我们想要回复的是一位叫作小欧的朋友给我们的投稿。他不仅分享了自己的经历，也提到了一个叫作"冒名顶替综合征"的概念。（点明主要话题）通常情况下，我们会在"咖啡豆回复时间"里回复大家关于日常生活里发现的商业现象等相关问题，但是这位朋友的投稿也让我们觉得在今天非常值得和大家一起来探讨：到底什么叫作冒名顶替综合征？为什么我们会产生这种感觉？它又会给我们在职场带来什么样的影响？以及我们该如何克服它？今天不定期掉落下来的职场咖啡豆系列就会和你一起来回答这些问题。在这之前，我们先来关注几条简短的商业科技动态（引启下文）。

正文

（次要论点→热点资讯）

苹果公司推出搭载了 M4 芯片的 MacBook Air。

3 月 5 号苹果公司发布了最新款的 MacBook Air 和 Mac Studio。其中新款的 MacBook Air 搭载了 M4 芯片，并且推出了全新的天蓝色外观，M4 芯片支持 Apple Intelligence。新款 Mac Studio 有两个版本，一款配备了 M4 Max 芯片，性能更强劲；另一款配备了全新的 M3 Ultra 芯片。根据苹果公司介绍，M3 Ultra 是迄今最强大的苹果芯片，仅凭借内存就可以运行大语言模型训练的相关工作。苹果公司表示之所以没有在更高端的

---

① 参见喜马拉雅平台，《声动早咖啡》2025 年 3 月 7 日节目，内容有改动。

Mac Studio 上搭载 M4 Ultra，是因为并不是每一代芯片都有 Ultra 级别。

苹果公司还在同一天发布了 iOS 18.4 的公测版本，在这个版本当中 App Store 新增了 AI 评论摘要功能。这个功能会根据用户在 App Store 的评论智能生成摘要，显示在评论区的上方。

阿迪达斯中国营收重回两位数的增长。

3 月 5 日，阿迪达斯公司公布了他们去年第四季度以及全年的财报。数据显示阿迪达斯大中华区四季度的营收同比增长了大约 10％，连续七个季度实现增长。他们表示当前中国团队已经获得了总部百分之百的运营授权，还和中国供应商一同升级供应链的能力。

阿迪达斯全球 CEO 古尔登上任三年期间，加速了经典的桑巴鞋的推出，同时他还推广了更多的复古鞋款。不过阿迪达斯公司也在产品种类上进行了控制，推迟了年代复古篮球鞋的计划。他们还表示专业运动产品比如 predator 足球鞋和阿迪 zero 跑鞋的需求也很强。另外阿迪达斯公司此前推出的椰子球鞋库存都已经卖光，不过这也导致了他们去年在北美的销售额减少了 2％。除了北美，阿迪达斯公司在其他市场大多也都实现了 10％ 以上的增长。

LV 进军美妆赛道。

3 月 5 号，奢侈品牌 LV 宣布将在今年秋季推出他们的首个美妆系列，首批产品包括 55 款唇膏、10 款润唇膏以及 8 款眼影盘。LV 之前推出过香水和化妆包，但是这也是他们第一次推出美妆产品。他们邀请到了英国化妆师 Pat Mcgrath 来担任创意总监。路透社的分析认为，近些年来，奢侈品行业销售放缓，很难吸引到年轻消费者和那些受到了通胀影响的消费者。爱马仕、范思哲和 LVMH 旗下的 Celine 都纷纷进军化妆品领域。和上千美元的包包相比，高端的口红几十美元的价格还是更容易让消费者接受。

TikTok 考虑在美国开展本地生活业务。

根据美国数字媒体 Access 3 月 4 日的报道，TikTok 正在西雅图、洛杉矶、纽约等地方招聘和本地生活业务相关的员工，早在去年 7 月，TikTok 就已经在印尼、泰国等东南亚国家测试了类似的业务。分析认为，随着在线广告市场的增速放缓，本地生活业务已经成为字节跳动新的增长点。报道也提到，TikTok 在对抗美国"不卖就禁"法案的时候，表明自己应该继续在美国运营，部分的原因是他们对美国当地的企业起到了积极作用。

Open AI 可能为 AI 代理分层定价。

根据 The Information 3 月 6 号的报道，Open AI 最近对投资者表示，他们计划对达到博士水平的 AI 代理每个月收取 2 万美元的费用，用于软件开发的终端代理可能每个月收取 1 万美元，而低端代理的费用是 2000 美元。未来 Open AI 20％到 25％的收入将来自代理产品。目前还不清楚 OpenAI 什么时间会推出这些产品，不过 OpenAI 的投资者软银已经承诺，今年会花费 30 亿美元采购 OpenAI 的代理产品。The Information 的分析认为，OpenAI 在人工智能产品和 AI 接口的定价方面是行业的引领者，所以外界也十分关注他们的策略。目前除了像 OpenAI 和 Devin 一样按月收费，还有一些公司将 AI 功能嵌入到 Office 365 这样的应用程序当中来提高价格。

以上就是值得你关注的几条商业科技动态，别走开，马上进入今天的"咖啡豆回复时间"。

（主要话题→投稿互动）

欢迎来到今天的"咖啡豆回复时间"，我们要一起来看看不久之前我们收到的一位叫作小欧的朋友给我们的投稿。小欧说前段时间看到一个不错的海外工作机会，但最后还是拒绝了。虽然客观上来说，这个项目对自己的职业发展是有帮助的，但当时总觉得自己能力还不够，害怕去了之后会露馅，不确定自己是否真的能够胜任。（主要话题）后来小欧看到了一个词叫作"冒名顶替综合征"，说的是有些人即使是有能力，也会怀疑自己配不上已有的成就，甚至觉得成功只是因为自己运气好，所以小欧也开始想，自己是不是也有这种心理。为什么他会有这样的疑问，是不是很多在职场上的人都会遇到这种情况呢？

首先要感谢小欧的信任，其实有类似感受的肯定不止你一个人，而且小欧所提到的冒名顶替综合征还十分普遍，尤其是在女性群体当中。康奈尔大学和华盛顿州立大学的一项心理研究显示，女性出现自我怀疑的概率更高，就连一些非常知名的成功女性也都承认自己曾经经历过冒名顶替综合征。从奥斯卡影后查理兹·塞隆，到美国前第一夫人米歇尔·奥巴马，再到 Meta 的前首席运营官谢丽尔·桑德伯格，还有作家玛雅·安吉洛等，各界名人都承认，有的时候会觉得别人高估了自己的能力。那到底什么叫作冒名顶替综合征呢？

1978 年，临床心理学家保林·克劳斯和苏珊娜·埃姆斯，他们俩第一次提出了冒名顶替现象的概念。当时他们的研究对象是那些认为自己不够聪明的高成就女性。这些高成就女性的特点是，无论外界评价如何，他们都始终会认为自己的成功是因为运气，或者是他人的误判。比较典型的想法是，"别人认为的我比真实的我更聪明"。随着研究的深入，冒名顶替现象在 1991 年被正式定义为冒名顶替综合征，主要是因为这个现象增加了临床诊断的评估维度，比如长期的自我质疑、失败、恐惧驱动行为，等等。

除此之外，冒名顶替综合征的其他特点还包括：总是无法接纳也不相信别人对自己的赞扬，不断地向外寻求反馈，倾向于取悦他人；在展示自己的成就或者是做公开演讲的时候会缺乏自信；另外，他们也会要求自己在任何情况下都表现出最佳状态，而完美主义又会带来过度的工作，他们害怕哪怕 0.1 的缺陷就会暴露自己的不足，而在无法做到所谓完美的情况下，又会以无能这种极端的评价来看待自己。

毕马威的一项研究发现，各行业中有 75% 的女性高管在自己的职业生涯中都经历过冒名顶替综合征，其中科技行业从业者的自我否定程度比传统行业要高出三倍多。而至于背后的原因也各不相同，原因之一就是缺乏榜样，或者说缺乏有相似背景而且在相同领域取得成功的女性榜样。这可能会让女性觉得自己不属于这里，这也会形成一个恶性的循环——越缺乏榜样就越不相信自己能够做到。高级职位上缺乏女性榜样，不仅加剧了刻板印象，还可能会造成这样的一种观念，就是女性的成功有的时候只是一个意外。

······

有研究显示，女性对自己的表现和潜在的未来能力，往往会给出不太有利的系统评估。很多女性只有在自己满足所有条件的时候才会去申请某项工作，而男性只要满足 60% 的条件就会申请。斯坦福大学的实验也同样揭示了一个残酷的现实，也就是在面对同等挑战的时候，女性退出竞争的概率要比男性高出 41%。

罗盛咨询的报告还显示，2024 年第一季度全球 CEO 的离职率激增。其中过去五年的时间里，女性 CEO 在任命之后两年时间里离职率高达 1/4，而相比之下男性只有 1/10。在面对这样的困境时，我们又能够做些什么来避免因为所谓的冒名顶替综合征而错失掉那些重要的机会呢？《福布斯》杂志给出了几个步骤。

步骤之一，识别消极的想法，改变内心的对话。《福布斯》的文章提到，有冒名顶替综合征的人经常会这样对自己说——"我做不到"。每个人都会认为自己做不到，这个时候，你可以试着用"为什么我会紧张？"这样的问话替代前面对自己的否定，改变自己内心的对话，将事实上的自己和感受中的自己之间建立一种良性的分离。

步骤之二，提醒自己的长处和取得的成就。其实欣赏自己的长处对很多人来说一点都不容易。我们通常都会被教育不要在公开场合表达骄傲，这样会被看作是一个狂妄自大的人。所以长久以来，很多人都会把主要的注意力放在了自己的短处上，而习惯了忽视自己的成绩。所以我们可以从现在开始做出一些改变，比如每天用便利贴记下当天顺利做好的那些事情，并且贴在我们经常会看见的地方。这样微小的行动也可以帮助我们保持积极的态度。联合利华前首席人力资源官丽娜·奈尔就深深体验过这种微小行动所带来的长期好处。她在联合利华工作的早期，经常发现自己身处的房间很少有其他的女性，这让她感到害怕，不敢开口说话。于是她想到了一个办法，就是在每次发言之后，在自己的笔记本上画一颗心。如果开口五次，那么就画五颗星。如果提出了一个引发强烈共鸣的观点，那么就给自己打双星。通过这样的方法，她养成了对自己负责的习惯。离开联合利华之后，她也接任了香奈儿的首席执行官。

步骤之三，坦诚地和身边人谈论自己的感受。前面我们也提到过，产生过冒名顶替综合征想法的人绝对不在少数，所以公开、坦诚地去谈论自己有冒名顶替的想法，一点也不羞耻。也许你很快就会发现，一个在你看起来很优秀也很自信的人，其实也有着和你一样的想法。公开谈论本身就能够减轻一定的焦虑，而在谈论过程当中，或许又多一位能够给予你更多支持的人。

步骤之四，明天再试一次。精密诊断公司 Alice 的创始人伊丽莎白·奥黛博士曾经分享过，她作为生物科技领域的一位年轻女性科学家和 CEO，其实每天都会遇到非常多的挑战，包括投资者提出的一些荒唐或者是带有侮辱性的疑问。她说，面对工作中这些不公平的挑战，她经常提醒自己美国作家玛丽·安妮·拉德马赫说过的一句话："勇气并不总是大声疾呼。"有时候只是在一天结束的时候，安静平和地跟自己说一句：明天再试一次。如果今天暂时还没能做到，那就明天再试一次。再试一次，识别自己的消极想法，再去提醒一次自己的长处和成就；再试一次，坦诚地和身边人谈论自己的感受，在一次一次的尝试当中来逐步积累自己的正向反馈。

结尾

所以说到这儿，其实也想来问问你，你在遇到需要鼓起勇气面对挑战的时候，有什么微小但是有用的方法吗？欢迎在评论区和我们一起来分享，也希望我们无论是否正在被所谓的冒名顶替综合征困扰，都能够拥有接纳自己的勇气和能力。当然，如果你也有在职场上的一些困惑，欢迎你投稿给我们，说不定也会出现在咖啡豆不定期的职场回复系列里，你的问题或许也能够引发更多有趣的讨论。

这就是我们今天的《声动早咖啡》，提前祝你周末愉快，节日愉快。

逻辑分析

主要话题：冒名顶替综合征的讨论。

论点（1）：冒名顶替综合征普遍存在于高成就个体中，特别是女性。

论据：康奈尔大学和华盛顿州立大学的研究显示，女性出现自我怀疑的概率更高。

论点（2）：提供了应对冒名顶替综合征的策略。

论据：如识别消极的想法、强调自己的长处和取得的成就、坦诚地和身边人谈论自己的感受、明天再试一次等。

次要话题：商业科技动态简讯。

论点：苹果、阿迪达斯、LV 等公司的新产品和市场动态。

论据：苹果公司发布新款 MacBook，阿迪达斯报告营收增长，LV 宣布推出美妆系列。

次要论点（热点资讯）：TikTok 考虑在美国开展本地生活业务。

论据：TikTok 在美国多个城市招聘相关人员，展示其对美国市场的重视。

次要论点（商业决策）：OpenAI 的定价策略。

论据：根据投资者提供的信息，OpenAI 计划对其 AI 代理产品实行分层定价。

案例解析

《声动早咖啡》作为一档高效信息获取型的新闻播客节目，在节目创作思路、语言表达和主持风格上展现出极强的针对性和差异化定位，旨在快速传递商业科技动态，并通过轻松互动的方式拓展听众的商业认知。

"15 分钟高效充电"是节目的理念，紧贴现代都市人的碎片化时间消费习惯，适用于通勤、早餐、晨间准备等场景。其内容编排采用"热点新闻＋深度解析＋互动讨论"的模式，确保既有信息密度，又不显得过于严肃或难以消化。前半部分报道商业科技领域的重要资讯，包括科技公司动态、市场趋势、品牌战略等；后半部分则以"咖啡豆"环节进行观点探讨，结合听众投稿展开更深入的话题讨论，使节目不仅是单向的信息传递，更是一个可供交流、引发共鸣的空间。

节目主持语言兼具专业性与轻松感，在传递财经、科技新闻时，避免使用过于生硬的术语，而是通过通俗易懂的表达帮助听众理解。例如，在涉及企业战略或市场决策时，主持人会通过类比、案例分析等方式拆解复杂概念，使非专业听众也能轻松吸收。此外，节目还使用问答、设问和场景化描述来增强代入感，如"LV 为什么要推出美妆产品"这样的提问，既能迅速吸引听众的注意力，又能激发听众的思考，使节目听众不只是被动接收信息，更像是参与了一场轻松的商业信息对话。

此外，节目强调晨间仪式感，用轻快的语调、富有节奏感的播报方式，配合适度的情绪波动，形成一种既有条理又富有亲和力的表达方式。不同于传统财经新闻的正式报道风格，《声动早咖啡》的主持人以类似"晨间电台主播"的方式，与听众进行互动式沟通，既能提供专业信息，又不过分疏离。例如，"今天的咖啡豆回复时间，我们要一起来看看……"这样的自然衔接，使节目更顺畅，也更易于让听众保持专注力。主持人在语速、语调、情感表达上的设计，正是为了让听众在清晨快速进入信息摄入模式，同时保持轻松的心情。

总体来看，《声动早咖啡》以高效的信息获取模式、轻松专业的语言表达、富有节奏感的主持风格，在财经新闻播客领域开创了一种全新的传播方式。它既满足了听众对商业科技动态的及时获取需求，又通过互动讨论提供更具深度的知识扩展，使新闻音频节目不再是冷冰冰的信息堆积，而是一种带有陪伴感的学习体验。

训练材料

《声动早茶》

1. 观众定位

《声动早茶》节目主要面向早晨起床后的都市上班族、学生以及晨练人群，旨在为这些在忙碌生活节奏中开始新一天的人们提供轻松愉悦、信息丰富的早间新闻资讯，帮助他们在短时间内了解国内外重要事件，同时享受一份清晨的宁静与活力。

2. 节目时长

10 分钟。

3. 节目内容

精选国内外早晨最重要的新闻事件，进行简短明了的报道和评述，让听众快速了解天下大事。此外，穿插轻松幽默的新闻或笑话，为听众带来早晨的一份欢笑，缓解生活压力。

4. 节目风格

节目主持风格亲切自然，主持人像朋友一样与听众交流，营造温馨舒适的早间氛围。此外新闻报道要简短明了，突出重点，避免冗长和复杂的表述，让听众在短时间内获取关键信息。

案例2 《10分钟新闻早餐》

《10分钟新闻早餐》是一档早间资讯播客，主打"每天10分钟，畅晓天下事"。节目聚焦国内外重大新闻事件，以高度浓缩的方式，为听众提供权威、简明、有温度的资讯速览。节目致力于打造"可信、可听、可用"的资讯场域，不仅满足听众的信息获取需求，也通过节目的专业化呈现，培养大众的新闻素养与时代敏感度。下面以其中　期节目为例：

节目内容

创历史新高！5月1日全国铁路发送旅客2311.9万人次①

开头

主持人：本节目由成都市广播电视台与喜马拉雅平台联合出品。每天10分钟，畅晓天下事！各位早上好，今天是2025年5月3日，今天新鲜、有价值的新闻早餐来啦！

正文

新闻1：超前规划储备，我国抽水蓄能电站装机规模世界第一

主持人：当前，我国抽水蓄能电站设计施工、装备制造、运行管理全产业链已达世界领先水平，将进一步优化抽水蓄能建设节奏，以超前的规划储备匹配新能源发展需求。数据显示，截至2024年底，我国抽水蓄能电站投产总规模达5869万千瓦；全国核准在建总规模约2亿千瓦。预计2025年抽水蓄能新增投产规模约800万千瓦；到"十四五"末，抽水蓄能总装机规模达到6600万千瓦左右。

中国电建集团北京勘测设计研究院有限公司总工程师王可介绍：当前我国抽水蓄能电站装机规模世界第一，建设运营管理能力和设计施工、设

---

① 参见喜马拉雅平台，《10分钟新闻早餐》2025年5月3日节目，内容有改动。

备制造水平均处于世界前列。地域分布也从东部发达地区向西部发展，服务对象从传统的电网向新能源基地和特定电源点延伸，应用场景呈现多元化的趋势。

新闻 2：　创历史新高！ 5 月 1 日全国铁路发送旅客 2311.9 万人次

主持人：　记者从中国国家铁路集团有限公司获悉，5 月 1 日，全国铁路发送旅客 2311.9 万人次，其中动车组列车发送旅客 1567.1 万人次，同比分别增长 11.7%、16.1%，均创历史新高，运输安全、平稳、有序。

国铁集团客运部负责同志介绍，铁路部门精心组织五一假期运输，用好现代化铁路网和移动装备资源，发挥高铁成网运营优势，最大限度挖掘运输潜力、扩充运输能力，4 月 30 日前集中投用 19 组新造时速 350 公里复兴号动车组，5 月 1 日开行旅客列车 1.38 万列，其中加开旅客列车超 2000 列，最大限度满足铁路旅客出行需求。

新闻 3：　超 2000 名外籍游客乘 3 艘巨轮来　天津口岸迎 "邮轮热"

主持人：　在各类利好政策助力下，外国人来华 "中国游" 正迎来又一波热潮。五一假期，"邮轮热" 势头强劲。1 日，在天津国际邮轮母港，超 2000 名外籍游客乘坐 3 艘邮轮同时抵达。这也是近年来，天津口岸迎来的最大批次的外籍游客入境。5 月 1 日上午，超 2000 名外籍游客分别乘坐 "梦想" 号、"芮吉塔" 号和 "海洋赞礼" 号 3 艘国际邮轮达到天津，开始他们的中国之旅。尽管人数众多，但当地高效便捷的服务效率给各国游客留下深刻印象。近年来，随着 240 小时过境免签政策等一系列政策的持续优化，如今，越来越多的外国游客能够更加便利地来到中国。

新闻 4：　致敬劳动者，　国乒成都公园与市民 "过招"

主持人：　由中国乒乓球协会主办，四川省乒乓球协会承办的 "致敬劳动·国球进公园" 乒乓奥运冠军进公园专题活动 2 日在成都市城东体育公园举行。

此次活动是王励勤当选中国乒乓球协会主席后，首次在公益活动公开亮相。他强调，此次活动国乒是以一个集体参加，不想突出某一个人。

活动现场，王皓、马琳、肖战、邱贻可等中国乒乓球队教练以及孙颖莎、王楚钦、王曼昱、梁靖崑等中国乒乓球队队员，四川省乒乓球协会副主席、奥运冠军陈龙灿，四川省乒乓球协会副主席、世界冠军陈平西等，与上百名成都市民"过招"，在"五一"假期与市民共享乒乓球带来的快乐。

新闻 5：　徒手掰车，　路人火海救人秒变超级英雄

主持人：　5 月 1 日，广东韶关始兴县发生两车相撞事故，现场燃起大火，有人员被困。一名路过男子迅速拨打 120 并上前救人，第一次被爆燃逼退，但他没有放弃，又上前，一把把被困司机拖了出来。救人男子名叫钟威，是一名镇干部。他说："事后看电子表，心率飙升到 150，幸运的是把人救出来了。"向他致敬！

新闻 6：　1133 人作弊！　蓝桥杯大赛组委会宣布取消成绩　禁赛三年

主持人：　4 月 30 日，蓝桥杯大赛组委会发布《关于第十六届蓝桥杯大赛（软件赛/电子赛）省赛个别选手违纪行为的处理决定》，大赛组委会综合运用技术监测、人工核查、线索举报等多重手段，对省赛过程中发现的个别违纪行为进行了严格认定与处理。

第十六届蓝桥杯大赛省赛（软件赛和电子赛）共甄别违规选手 312 人，作弊选手 1133 人，并公布了作弊选手准考证号。取消作弊选手比赛成绩，禁赛三年，并向所在院校通报。如果对公布结果有异议，可以在本通知发布三日内向蓝桥杯大赛组委会提出书面复议申请，后期不再接受复议申请。复议结束后，大赛组委会将复议结果提供至选手并同步所在院校。

新闻 7：　南方降雨明显增多增强，　多地有暴雨，　五一假期返程留意交通安全

主持人：　中国天气网消息，5 月 2 日，我国中东部地区降水明显减少、减弱。不过，5 月 3 日起至 5 日，随着暖湿气流加强，冷暖空气交汇下，南方降雨将再度增多、增强。中央气象台预计，西南地区东部、江汉东部、江南、华南及安徽南部部分地区有中到大雨，部分地区有暴雨，并伴有短时强降水、雷暴大风等强对流天气。同时，华北北部、东北地区等地有分散性小雨。

具体来看，5 月 3 日，较强降水主要影响西南地区东部和华南北部，贵州、广西部分地区有暴雨。4 日，湖南、江西等地部分地区也将出现大到暴雨。5 日，南方降雨有所减弱，湖南、江西、广东等地或有大雨。

假期后期，南方降雨明显发展增多，部分地区有暴雨并伴有强对流天气，正值假期返程高峰，公众雨天出行请留意交通安全，驾车注意保持车距，谨慎驾驶，及时关注临近预警信息，尽量避开在强对流时段外出。

新闻 8：　马斯克称政府效率部 "效果不如预期"

主持人：　据美国广播公司（ABC）报道，当地时间 4 月 30 日，特斯拉 CEO、美国政府效率部（DOGE）负责人埃隆·马斯克表示，虽然他的团队取得了一些进展，并声称迄今为止已经为美国纳税人节省了 1600 亿美元，但 "我们的效率还没有达到我希望的水平"。

报道称，马斯克表示："我认为我们已经取得了成效，虽然还未达到我的预期，但我们还是取得了一些进展。"

新闻 9：　开往加沙的援助船在国际水域遭无人机袭击

主持人：　据美国有线电视新闻网（CNN）报道，当地时间 5 月 2 日凌晨，一艘前往加沙运送人道救援物资的船在国际水域遭遇无人机袭击。

报道称，据马耳他政府所说，船上有 16 人，但 "自由船队联盟" 表示，船上有 30 个人。

"自由船队联盟" 的发言人透露，当时船体破了一个洞，船在下沉。

马耳他武装部队证实，一艘船只发生火灾，目前火灾已被扑灭。

"自由船队联盟" 并未指控任何人发动了无人机袭击。

"自由船队联盟" 称自己是一个国际组织，致力于通过采取非暴力的行动向 "被围困的加沙地区" 提供人道主义援助。

新闻 10：　不到半年已换 3 位，李周浩履职韩国代总统

主持人：　韩国新任代总统、副总理兼教育部长官李周浩 5 月 2 日开始履职。他上午主持召开国家安全保障会议时表示深感责任重大，称政府在外交、安全、国防和经济等所有领域都不能有任何疏忽，希望各部门、机构以及驻外机构致力于做好危机管理和本职工作。

从去年 12 月 14 日韩国国会通过对总统尹锡悦的弹劾动议案到 5 月 2 日，韩国 140 天来已历经 3 位代总统。

结尾

主持人：　好了，以上就是今天《10 分钟新闻早餐》的全部内容，明天见！

逻辑分析

开头（功能式设定）

节目以"成都市广播电视台与喜马拉雅联合出品"开头，强调"每天 10 分钟，畅晓天下事"的节目定位，确立其"晨间信息快餐"属性。主持人以温和语调和"新闻早餐"意象建立听众期待，并用当日时间开启"今日听点"的节奏感。虽无悬念式引导，但快速点题，形成日常陪伴式收听习惯。

正文（板块化推进）

节目采用"顺时播报＋主题微嵌套"的结构策略，以新闻线索作为骨架，兼顾政经、民生、社会、国际等维度，体现出以下三个逻辑层次：

国家动能主线：前两条新闻聚焦国家能源系统（抽水蓄能）与出行动员系统（铁路客流），形成"五一经济热"的基础面分析，奠定大国治理效率的基调。

民生文化支线：中段以"天津邮轮热""国球冠军进公园""徒手救人""蓝桥杯作弊""南方天气预警"等话题连接假期文化体验、城市记忆与道德共鸣，增强节目的人文温度和情感连接。

国际与舆情板块：后段插入"马斯克发言""加沙援助遇袭""韩国政局更替"等国际要闻，以"横截面"呈现世界状态，完成信息广度覆盖。

结尾（惯例式收束）

节目以"以上就是今天《10 分钟新闻早餐》的全部内容，明天见！"进行规律化收尾，无开放式提问，但强化了节目的连续性、陪伴性，此类结尾有助于增强用户黏性和时间仪式感。

案例解析

《10 分钟新闻早餐》是一档日播类新闻音频节目，在本期内容中通过"多线信息整合＋情绪递进编排"的策略，完成了对国家动态、城市民生、国际形势和社会热点的有效串联。主持人以平稳、清晰、节奏适中的语态，将"新闻阅读"转译为"听觉早餐"，不仅保证了信息密度，也维持了情绪节奏上的流畅体验，展现出一档都市快节奏资讯类节目的专业化水准。

节目开篇延续常规开场语"今天是××××年××月××日，今天新鲜、有价值的新闻早餐来啦"，功能性强，虽无强烈悬念设置，却凭借日常惯性与听觉记忆建立稳定用户预期。这种"时间仪式感＋信息陪伴"的开场策略，使其区别于舆论型新闻播客，形成一种"声音时间表"的媒介关系。

在内容安排上，《10分钟新闻早餐》采用"国家大势—民生体温—社会纵横—国际视角"的横切推进结构。从抽水蓄能装机全球第一与铁路假期客运创历史新高入手，两则新闻不仅展现出基础建设与运输调度的宏观强国逻辑，也为节后返工与节中出行提供重要情境感。接续的"邮轮热"与"国球冠军进公园"则有效嵌入五一假期城市文化生活，将外向型旅游热潮与市民型体育亲民互动并置，兼顾宏观数据与感性体验，凸显节假日中国式生活的热度与厚度。

节目中段插入的"徒手掰车救人""蓝桥杯作弊"等突发性社会新闻起到了节奏调节和情绪波峰制造的作用。其中"钟威火海救人"事件，用"心率飙升到150"这一细节制造英雄情感爆点，而"蓝桥杯1133人作弊"则在冷静播报中传递制度威严，反差处理得当，信息含量与情绪张力并存。

值得一提的是，节目后段并未简单"疲软收尾"，而是通过南方强对流天气预警、马斯克"效果不如预期"发言、加沙救援船遭袭、韩国新任代总统就职等国际/突发话题，拓宽了听众的信息视野。特别是"无人机袭击援助船"与"不到半年已换三位韩国代总统"两则内容的临近排布，在内容上形成"地缘冲突风险＋地区政治剧变"的交叉效应，使节目在有限篇幅内完成了时政纵深与人道关怀的并行表达。

在形式语言上，主持人全程保持"客观播报＋适度情绪"语调，不设评论、不引导立场，强调"新闻供给"而非"观点输出"。这一设计保障了节目的中立性与通用性，也使其更适合在早间等碎片化场景中被广泛接受。

总体来看，这一期《10分钟新闻早餐》在编排逻辑上实现了"宏观—微观—全球"的层层递进，在听觉策略上完成了"节奏感＋情绪共鸣"的双重任务。它不是单纯的信息罗列，而是一种节奏掌控下的内容编织，使听众在10分钟之内既能了解政经动向，也能感受到生活温度、社会情绪与世界风云。这种高效、沉稳、内容有序的结构，使其在海量新闻播客中独具"早高峰陪伴型播报"的标杆价值。

训练材料

《每日新闻快评》

1. **观众定位**

希望快速掌握每日重大时政、社会、国际热点新闻的听众群体。尤其适合早高峰通勤人士，以及关注时政新闻的听众。

2. **节目时长**

10 分钟。

3. **节目内容**

选取当天最具关注度的 10 条新闻进行播报，每条新闻包含事件简述、核心数据、快速点评等，核心内容包括国家发展新闻、社会民生动态、国际重要事务等。

4. **节目风格**

语言简洁、有力，注重信息的准确性与逻辑性；语速平稳但不失节奏感。主持人应具有亲和力、专业性，情绪不过分夸张，同时保留适当的语气变化以增强节目的吸引力。

可适当设置"听众留言回音"或"微博热词联动"环节，引导受众参与互动，营造节目的公共讨论氛围。

案例 3　《科技热点新鲜播》

《科技热点新鲜播》在喜马拉雅平台的科技类节目榜单中排名靠前，节目制作形式为系列节目，播出平台仅限于喜马拉雅手机端。节目时长为 20 分钟，更新频率为每日一更。该节目的听众主要是对科技感兴趣的人群，包括但不限于科技爱好者、科技行业从业者以及对科技发展趋势感兴趣的听众。听众评价该节目内容专业、及时，能够帮助他们了解科技行业的最新动态。下面以其中一期节目为例：

节目内容

CES 专访雷神科技李艳兵：

品质奠定出海基石，创新赢得市场青睐①

（开头＋背景介绍＋提出问题）

CES② 作为全球科技行业的风向标，每一年可谓都汇聚了来自世界各地的科技企业，让我们先一步目睹科技行业的发展潮流，以及未来科技发展方向，层出不穷的新品更是数不胜数。但对于雷神科技来说，今年不同于以往，因为今年是雷神科技首次亮相 CES。

虽然是首次登上 CES 全球科技大舞台，但雷神科技可一点都不怯场，有着一种"初生牛犊不怕虎"的勇猛气势。凭借在电竞 PC 行业多年的深厚积累与创新，雷神在 CES 展会上发布了搭载英伟达全新 50 系显卡的 ZERO 系列与猎刃 S 电竞游戏本，以及全球首款双目全彩阵列式光波导智能眼镜。颇有一种首次出海就要带给海外用户一些小小的震撼的气势。而在 CES 展会期间，我们也有幸采访到了雷神科技创始人李艳兵。

"进军北美市场，源于产品的自信。"

去年，来自中国的 3A 大作《黑神话：悟空》凭借优秀的美术、战斗设计，成功吸引广大的海外游戏玩家，向世界展示了来自中国的传统文化，这也让更多中国企业重视开拓海外市场。品牌出海的潮流势不可挡，在国家政策的号召下，雷神科技参展 CES 2025，携多款重磅产品宣布进入北美市场，开启了全球市场扩张的全新战略。

但是贸然进军北美市场，对于中国品牌来说显然是一个需要"勇气"的事情，而雷神科技有什么底气进军北美市场呢？（以问题抛出话题）来自李艳兵的说法："雷神的底气源于自信，现在中国品牌的产品力已经上来了，产品足够优秀，到海外去施展拳脚看看能不能满足全球用户的需求是很正常的事情。而且类如 3C 类的科技数码产品，本身就是中国制造的

---

① 参见喜马拉雅平台，《科技热点新鲜播》2025 年 1 月 14 日节目，内容有改动。

② CES（International Consumer Electronics Show）：国际消费类电子产品展览会。

强项。"

不过面对北美市场与国内市场的竞争和文化差异，李艳兵也有着自己的一套打法，坚决要求雷神率先做好产品与服务。

正文+回答问题

"好的产品一定要满足当地的需求，"李艳兵说，"雷神将把产品放到跨境的销售渠道去试销，然后把受欢迎的产品作为重点，去找线下的客户做重点突破。"从这我们不难看出，在产品上李艳兵采用的是"小规模测试，再到大规模推广"（提炼总结嘉宾观点）的方法，进军海外市场的步伐显得有序且稳健，相当于是跨境试销获得真实反馈，然后筛选推出真正符合用户需求的产品。而对于海外的产品服务，李艳兵认为也非常重要，选择的是与当地团队合作。李艳兵说："服务并不能够只靠雷神，一定要找当地的团队去合作，借助当地团队更深刻了解当地用户服务需求，从而提供更贴近当地的服务。"

"先难后易"，这是雷神内部的出海口号，李艳兵说："北美市场是很难，但如果把北美市场啃下来，那再去其他的市场就不会那么费劲。"依托于在 PC 行业多年来积累的经验优势与创新，雷神在这次 CES 上带来了一系列重磅的产品，其中包括联合美光首发搭载新一代 32GB 6400MHz 内存，搭载与京东方联合研发的蜂鸟屏，采用英伟达 50 系显卡满配性能与顶级散热……

"18 英寸笔记本做到最强，背后暗示着中国品牌也可做高端。"

而谈论到 18 英寸雷神 ZERO 系列旗舰电竞游戏本，李艳兵显得十分自豪且自信："以往大家认为 18 英寸产品太高端了，做的人非常少，基本只有传统的几个品牌能做。现在我们也推出了 18 英寸的产品，而我们的 18 英寸的性能整机功耗释放做到了 270W，基本就是所有产品里面性能最强的。"

"雷神把 18 英寸性能做到最强，背后有另一层含义，那就是中国品牌达到一定程度之后，是可以做高端产品的，"李艳兵补充说，"雷神也在和比亚迪合作制造模具，在很多方面雷神已经赶上了国外的高端品牌。"而在谈到产品时，李艳兵显得十分兴奋，分享了许多关于这次雷神新品的设计细节，比如说在做好质量品控的同时，如何打造差异化的卖点来满足用户的需求，从而超越竞争对手。

"在产品制造上，雷神选择了更难的一条路，"李艳兵说，"雷神选择模具开四门，周期长，投入大，一旦开不好，可能一两年的时间都会受影响，有的厂商不太愿意去做，但雷神一直在坚持。"

据了解，这次雷神新品 ZERO 18Pro 采用"飍"科技 2.0 散热系统，带来"三风扇＋七铜管"的超强散热配置，这才让笔记本实现至高 270W 的满功耗释放。

另外一款新品猎刃 S 也重点升级了散热，采用第三代内吹式散热设计，内吹系统截面面积为 315mm^2，整机风量为 10.55CFM，保持整机功耗 200W 的同时，将风扇噪音降至 45dB 左右。

"雷神愿意去尝试新的技术， 但不会为了技术忘记用户的需求。"

另外，如今笔记本很多功能同质化严重，而在雷神笔记本的差异化竞争力上，李艳兵提到了"蜂鸟屏"，李艳兵给出了他心中蜂鸟屏对用户体验更重要的一点，那就是护眼。

"现在屏幕刷新率快，色彩很绚丽，对用户眼睛的刺激也越来越大，"李艳兵说道，"蜂鸟屏提升了在环境光下的对比度，降低反射，配合防蓝光的一些技术，让用户在看着蜂鸟屏的时候，能够很舒服。"雷神 ZERO 旗舰新品搭载的蜂鸟屏拥有 2.5K 分辨率，并且刷新率高达 240Hz，可让游戏画面呈现出更加流畅的效果。另外，这款屏幕亮度高达 500 尼特，拥有 1800：1 的对比度，超高环境光对比度 ACR 也可以达到 190：1。

而且在交谈之中，李艳兵显得也非常坦诚："很多时候笔记本厂商做技术，有时候是为了技术而技术。比如雷神与京东方成立的联合实验室一开始也是在强调做高刷、高分、高色域的屏幕，但在这个过程中，雷神发现屏幕还是要有以人为本的出发点，让屏幕的体验贴近用户的痛点需求。"值得一提的是，李艳兵在采访中也透露，2025 年雷神的猎刃系列也会用上蜂鸟屏，给用户带来真正有感知的体验。

"全面拥抱 AMD， 将推出更丰富高性能产品。"

"其实以前雷神并不太做超威的产品，基本是英特尔为主，但这次我们全面拥抱超威，会和超威合作推出旗舰产品。"在谈到雷神与上下游供应链企业合作时，李艳兵提到了雷神在今年的最大一个变化。最近几年超威在游戏玩家的呼声之中越来越高，特别是在推出桌面 X3D 这样的处理器之后，整个消费群体对超威的认知都产生了很大的改变。

李艳兵说："雷神和超威的合作会很深入和广泛，结合超威性价比、功耗与散热等方面的优势，雷神会推出更丰富的高性能产品给玩家。"不过，拥抱超威并不意味着冷落英特尔。对于目前的英特尔，李艳兵认为："目前的英特尔在性能提升的同时更注重功耗的控制，这对于笔记本的使用体验，包括续航、噪音等方面来说还是非常重要的。"未来雷神会和这两家半导体巨头深入合作，第一时间推出搭载他们新技术的产品。不仅仅是英特尔与超威，雷神与英伟达的合作也依然十分紧密。在 CES 上，英伟达发布了全新的 50 系显卡，雷神不仅率先推出搭载 50 系显卡的产品，并且在雷神的展台，甚至还设有拥有英伟达认证的产品展区，这在整个 CES 上都是十分少见的。除了与核心的处理器、显卡厂商保持深入的合作，李艳兵还表示雷神也在拥抱新的研发体系。

"我们的屏是跟京东方合作，那么电池、键盘、音响、灯光和谁合作呢？"李艳兵说道："雷神接下来要做的，就是把像跟京东方的合作理念带到其他一些关键部件上去，把行业里好的东西实现落地，通过扩大规模降低成本。"值得一提的是，李艳兵提到，雷神未来会跳过中间商，直接找到产品元器件的源头，与源头进行研发对接，让产品的定义更加精准，同时也能够更好地控制成本。2025 年，雷神全新研发体系下的新产品值得期待。

"智能眼镜百花齐放，雷神将聚焦核心体验。"

在本次 CES 上，雷神不仅带来旗舰 PC，同时还发布了全球首款双目全彩阵列式光波导智能眼镜——雷神 AURA 智能眼镜，李艳兵表示智能眼镜可以与手机等设备互联，借助云端的 AI 算力，并且能够提供核心的视觉、听觉体验，这是其他穿戴设备形态所不具备的优势。那雷神是如何定义智能眼镜的呢？"目前智能眼镜行业还属于百花齐放的状态，有的功能复杂但是体验一般，有的功能简单但是比较实用"，李艳兵说，"未来这几种形态可能都会继续发展，因此雷神这次带来的智能眼镜也有三种不同设计。""雷神智能眼镜会优先做好佩戴体验，做好应用体验，比如说视频、拍照等，提升用户对智能眼镜的使用率。"

对于智能眼镜未来的发展，李艳兵认为就像 PC 一样，"做镜片的专注做镜片，做软件的专注做软件"。"未来智能眼镜或许比拼的是谁能够把这些整合得最好，而在硬件上，如何把佩戴体验、声音体验以及健康等方面平衡好，这是最核心的。"

结尾

从对雷神创始人李艳兵的采访中，我们不难感受到雷神对于产品的定义、细节的追求是极为细致的。从产品的品控、设计、配置，再到对用户需求的重视，雷神无一不展现了十足诚意。在百年未有之大变局的时代背景下，参加 CES 开启北美市场的雷神，一定程度上也是无数个中国品牌的代表。幸运的是，雷神完全有实力出海到北美开辟新的天地，而北美绝不是雷神的终点站。

案例解析

《科技热点新鲜播》是一档专注于科技新闻和行业动态的广播节目，凭借其专业性、时效性以及精准的内容分析，在喜马拉雅平台上获得了较高的评价与较多的播放量。节目通过深入分析科技新闻事件的背景、技术原理以及市场趋势，满足了科技爱好者和行业从业者对最新科技信息的需求。

节目内容的创作策略主要体现在其紧跟全球科技热点，主持人通过背景介绍和提问引入与行业专家、企业创始人的专访内容，在一问一答之间进一步深化内容的深度和层次。节目不仅注重新闻事件的表面报道，还注重通过专家的视角对事件背后的技术、市场趋势和行业影响进行剖析。比如在谈及雷神科技进军北美市场时，节目通过与创始人李艳兵的访谈，详细探讨了雷神如何运用"小规模测试，再到大规模推广"的策略来应对文化差异和市场挑战。这种深度解读让听众能更清楚地理解科技公司如何在全球竞争中获取成功。

主持人的语言表达技巧也充分体现了其精准的沟通能力和对科技行业的深入理解。主持人能够根据不同的新闻事件和嘉宾特点调整自己的表达风格，从而更好地引导话题并提升听众的参与感。在访谈环节，主持人提出的有针对性的问题帮助嘉宾深入分析，增加了节目内容的专业性。例如，在李艳兵谈到"蜂鸟屏"的开发时，主持人不仅关注产品技术，还引导讨论其背后的用户体验和市场需求。这种互动形式使得节目内容更加生动，同时也增强了观众对科技产品背后理念的认同感。

训练材料

《科技新动态》

1. 观众定位

本节目主要面向对科技创新和数码产品感兴趣的听众，特别是那些追求新鲜科技资讯和科技趋势的受众。

2. 节目时长

8 分钟。

3. 节目内容

报道最新的科技发明和创新，如智能手机、智能家居、人工智能等领域的新进展，探讨科技如何改变人们的生活，包括工作、学习和娱乐等方面。邀请科技行业的专家或从业者，分享他们的见解和经验。

4. 节目风格

语言应简洁明了，避免使用过于专业的术语，确保信息易于理解。节目氛围应保持轻松活泼，吸引年轻听众的注意力。节目应注重与听众的互动，鼓励听众提问和分享自己的科技体验。

案例4　《爆米花娱乐室》[①]

《爆米花娱乐室》聚焦热门电影《哪吒之魔童闹海》（《哪吒 2》），从票房数据、制作细节、经济关联、争议探讨到国漫崛起等展开多维度深入剖析。节目时长约 13 分钟。节目适合喜爱电影，尤其是关注国产动画电影发展，想要深入了解电影背后故事与行业动态的听众。

---

① 原创节目。制作人：四川师范大学影视与传媒学院学生吕静媛、聂妙音；指导老师：韩幸霖。

节目内容

爆米花娱乐室

逻辑分析

主要话题：《哪吒 2》的市场表现和文化影响。

论点：《哪吒 2》的成功不仅在于其商业表现，还在于它如何影响文化自信和民族凝聚力。

论据：票房数据、观众反馈和文化内容的深入分析。

次要话题：国漫的崛起和技术进步。

论点：国产动画的发展标志着中国软实力的提升。

论据：《哪吒 2》及其他国产动画的技术细节、市场接受度和国际表现。

话题（1）：《哪吒 2》的出圈现象。

论点：电影的出圈是由于高质量的制作和市场策略。

论据：票房成绩、国内外的认可、制作团队的贡献。

话题（2）：多家公司协力制作。

论点：成功的大型项目需要多方面的合作和技术支持。

论据：138 家公司的合作、制作细节、技术挑战和解决方案。

话题（3）：爆米花经济。

论点：商业模式对电影放映的影响。

论据：电影院通过高上座率和周边产品销售来增加利润。

话题（4）：电影争议点。

论点：文化变迁和制作选择引发的讨论。

论据：与经典版本的比较、观众对现代化表达的接受程度。

话题（5）：国漫崛起。

论点：国产动画电影的发展反映了国内外对中国文化的接受和赞赏。

论据：国漫如"大圣归来"和"哪吒"系列电影的成功，以及它们如何影响观众对中国动漫的看法。

案例解析

《爆米花娱乐室》作为一档新闻评论类音频节目，成功地将娱乐性、专业性与文化深度相结合。节目围绕国产动画电影《哪吒之魔童闹海》展开，从票房数据、制作细节、行业动态到文化影响等多个角度进行剖析，充分体现出内容的丰富性和时效性。

节目精准锁定受众群体，以电影爱好者，特别是关注国产动画电影发展的人群为目标。节目内容不仅关注电影本身，还深入探讨电影行业的发展趋势、制作幕后、技术革新等，使听众在轻松愉快的氛围中获取大量有价值的信息。此外，节目采用对话式交流，使电影知识的传播更具互动性和代入感，同时引入大量数据和行业分析，提高节目的专业性，使其兼具科普和深度评论的双重价值。

《爆米花娱乐室》采用生动的日常对话风格，主持人的语言自然流畅，符合年轻观众的审美习惯。节目以幽默风趣的方式展开，利用日常闲聊的形式引入话题，让信息的传递更加轻松易懂。主持人不仅在讨论电影时运用了大量生动形象的比喻，还在谈及技术和行业发展时采用通俗化的解释方式，例如"3D渲染"在节目中被拆解成简单的概念，避免了过于专业化的术语影响听众理解。此外，主持人在探讨争议性话题时会有意调整语气，如在涉及行业困境或技术难点时语气更为严肃，而在谈及电影成功与市场表现时，则转为骄傲与兴奋的基调，使听众的情绪能与节目内容同步起伏，提升听众体验感。

主持人以轻松愉快的互动交流为核心，通过幽默调侃、数据佐证和深度讨论等方式，形成了强烈的个性化风格。节目充分发挥了"双人搭档"模式的优势，一人抛出问题，一人解答并补充，节奏紧凑，避免冗长和枯燥。同时，节目在不同话题切换时会使用背景音乐和音效来调节氛围，例如在票房分析时使用激昂音乐来突出成绩的辉煌，在讨论争议点时使用较为缓和的音乐来引导理性思考。这种风格不仅让节目具有娱乐性，同时也能够很好地传达核心观点。

总体而言，《爆米花娱乐室》通过轻松自然的交流方式，将国产动画电影的深度内容以更具亲和力的方式呈现给听众，增强了节目对年轻受众的吸引力。节目在结构上层次分明，在情绪引导上恰到好处，在内容呈现上既有深度也不乏趣味性，为新闻评论类音频节目提供了一个极具参考价值的范例。

训练材料

《银幕聚焦》

1. 观众定位

18~40 岁的电影爱好者、行业观察者以及影视专业人士。

2. 节目时长

10~12 分钟。

3. 节目内容

围绕热门电影及电影行业动态展开，涵盖票房分析、制作背景、行业影响及观众反馈四大方面。随后，节目将深入挖掘影片的制作故事，如导演和演员的创作理念、特效技术突破、剧本改编背景等，帮助观众了解电影成功的核心要素。同时，节目还将探讨电影行业趋势，如 IP 开发、流媒体对院线的冲击、国产电影市场的变化等。对于具有社会争议或深层文化影响的电影，节目还会邀请嘉宾或引用专家观点，探讨电影背后的文化价值、社会意义以及可能引发的讨论。

4. 节目风格

兼具专业深度与娱乐性。避免过于学术化或晦涩难懂的表达，力求让普通观众能轻松理解行业内幕。主持人之间的互动，采用对话式风格，让讨论更具趣味性，对于背景音乐的选择，根据讨论的氛围进行调整，例如在分析票房时使用节奏感较强的音乐，在讨论行业趋势时使用沉稳的背景音乐，以增强听觉体验。此外，适当加入电影片段、幕后采访、影评人的声音等，使内容更加生动多元，提升听众的沉浸感和参与感。

第四章　文艺音频节目创作分析与实训

文艺音频节目作为广播传媒的重要组成部分，不仅承载着艺术传播的功能，还在审美教育、文化普及和社会心理塑造方面发挥着独特作用。我们将从文艺音频节目的语言风格与表达方式、文艺音频节目文本创作的审美考量以及文艺音频节目主持语言表达技巧三方面，展开探讨。

一、文艺音频节目的语言风格与表达方式

文艺音频节目具有较强的艺术性，其语言风格既要符合音频节目语言的基本要求，又要具备文学性和表现力。张颂在《播音主持艺术论》中指出，文艺音频节目的语言应当具有生动性、节奏感和音乐美，以达到声音与文本相辅相成的传播效果[①]。这一特点要求主持人在语言运用时注重语调的变化、语速的调整以及语境的塑造，使听众能够在声音的引导下进入特定的艺术情境。

此外，文艺音频节目语言表达需做到"收"与"放"结合，以实现既自然又具有艺术感染力的表达。"收"指的是主持人保持克制，避免过度煽情；而"放"则是在合适的时机调动情绪，使内容更具吸引力。例如，在朗读诗歌或文学作品时，主持人可以通过抑扬顿挫的语调表达作品的情感，而在介绍文艺常识或文化热点时则需保持平稳、理性。

随着新媒体的兴起，文艺音频节目需要融入多媒体元素，如声音特效、背景音乐等，以提升节目的沉浸感。这一趋势要求文艺音频节目在语言表达方式上更加多样化，主持人不仅要通过声音进行叙述，还需借助音响、音效等手段，使听众获得更具层次感的听觉体验。

---

① 张颂. 播音主持艺术论 [M]. 北京：中国传媒大学出版社，2009.

二、文艺音频节目文本创作的审美考量

文艺音频节目文本的创作不仅关乎信息的传递，还直接影响听众的审美体验。音频文本的语言必须兼具文学性和可听性，以保证节目既有文化深度，又能被听众轻松理解。柴璠指出，文艺音频节目文本创作要符合广播媒介的特点，语言表达应口语化，具有画面感和情感性[①]。

在文本创作的审美考量方面，广播节目编导需注重内容的结构设计和情境塑造。文艺音频节目的文本创作应围绕核心主题展开，既要有逻辑性，又要增强听觉冲击力，避免冗长或缺乏重点的表达。例如，在制作一档关于经典文学作品的音频节目时，可以采用故事化的结构，通过第一人称讲述或角色对话的方式，使听众更具代入感。

与此同时，审美考量还涉及语言的节奏感。文艺音频节目的文本创作需要注重节奏控制，避免平铺直叙，应使语言具有韵律美，以增强听众的听觉体验。例如，诵读散文时，可以通过适当的停顿、轻重音变化来提升文本的艺术感染力。

此外，社会心理学研究也表明，受众的审美需求与时代变化密切相关。听众对文艺节目的审美期待不仅受个人文化背景的影响，也会随着社会环境的变化而发生转变。因此，文艺音频节目的文本创作需要兼顾传统艺术价值和现代审美趋势，以吸引不同层次的听众。

三、文艺音频节目主持语言表达技巧

文艺音频节目主持的语言表达不仅影响着节目的可听性，也影响着听众对内容的理解和接受度。受众的注意力分配模式在新媒体环境下发生了变化，主持人需要通过语音语调的变化来吸引听众的注意力。

在具体的表达技巧上，主持人需要掌握即兴表达能力。文艺音频节目主持人在面对不同的节目主题时，需要根据现场情况及时调整表达方式，使语言更贴切。例如，在一档关于戏剧艺术的音频节目中，主持人可能需要在正式解读作品之前，先以轻松幽默的方式引出话题，以吸引听众。

[①] 柴璠. 当代广播有声语言的创新空间 [M]. 北京：中国传媒大学出版社，2006.

此外，文艺音频节目主持人的表达技巧还体现在跨媒介适应能力上。随着融媒体的发展，主持人需要具备"音频＋视频"结合的表达能力，在音频节目中运用更加形象化的语言，弥补听觉传播的局限。

在语音语调方面，主持人的语音表达不仅要清晰，还需具有感染力，能够通过声音塑造情境。例如，在播报戏剧评论时，主持人可以通过微妙的语气变化来传递情绪，使听众能够感受到戏剧作品的张力与魅力。

文艺音频节目主持人应具备情感共鸣能力，通过声音表达节目内容的情感温度，以增强听众的代入感。这要求主持人在表达时，准确把握节目内容的情感基调，例如在朗读一首悲伤的诗歌时，应当降低语速，适当加重停顿，以传达作品的悲凉情绪。

综合来看，文艺音频节目的创作涉及语言风格、文本审美和主持人表达技巧等多个方面。通过语言的优化、文本的精雕细琢，以及主持人表达能力的提升，文艺音频节目可以更好地满足听众的艺术审美需求，同时提升广播节目的影响力。未来，随着新媒体环境的变化，文艺音频节目将继续朝着更加个性化、互动化和多元化的方向发展，以更好地适应听众的听觉习惯与审美需求。

四、文艺音频节目案例解析与实训

案例 1 《探幽楚辞》[①]

本期节目生动讲述《九歌》中有关东皇太一、湘君与湘夫人等的神话故事，解读其中蕴含的古人对神明的敬畏、对爱情的向往等情感，帮助听众了解古代文化中的精神世界，丰富大众的文化知识储备。

节目时长约 11 分钟。节目深入挖掘《楚辞》中《九歌》的文化内涵，包括其祭祀文化背景、神话体系、诗篇内容等，向听众传播楚地文化的独特魅力，让古老的楚文化在现代社会中得以传承和弘扬。赏析《九歌》的诗篇，从语言、韵律、意象等角度品味其文学价值，引导听众感受古代文学的美感，提升文学鉴赏能力，培养对古典文学的热爱。

---

① 原创节目。制作人：四川师范大学影视与传媒学院朱闻钢；指导老师：韩幸霖。

节目内容

探幽楚辞

案例解析

《探幽楚辞》以文艺音频节目的独特魅力，让听众在诗意的氛围中走进《九歌》，感受楚辞的神秘意境与文化深度。节目从历史背景、神话故事、文学赏析等多个层面展开，使古老的祭祀诗篇不仅是文本上的存在，更成为一场沉浸式的听觉盛宴。主持人优美、诗意的语言，搭配恰到好处的背景音乐，使整档节目在文化解读的基础上增添了艺术审美体验。

节目结构巧妙，首尾呼应，以屈原的足迹为线索引导听众进入楚辞的世界。开篇通过编钟、古琴等音乐元素烘托楚地文化的庄重感，使听众迅速融入历史氛围，并自然引出《九歌》的起源与祭祀背景。这种由历史到文学的递进方式，既保证了知识的系统性，又让听众在接受文化信息时有强烈的代入感。

内容上，节目以东皇太一为起点，依次展开湘君、湘夫人等神话人物的故事，以祭祀仪式、神话意象、诗歌意境相结合的方式展现《九歌》的文化精髓。东皇太一的至高神性、湘君湘夫人的爱情悲剧，均在层层推进的讲述中逐步展现，增强了节目的叙事张力。同时，主持人通过细腻的情感描绘，如湘夫人在沅湘之上吹箫等待、湘君在洞庭湖畔徘徊，使得远古神话带有鲜明的戏剧性，提升了听觉体验的艺术感染力。

语言表达上，节目充分展现了文艺音频节目的诗意美感。主持人在解读诗句时，并非简单地翻译或注解，而是结合情境，以充满画面感的描述再现诗意世界。如"微风阵阵，皎洁的月光照在北洲河岸"，使听众仿佛置身其中，增强了对诗歌意象的感知力。这种"诗中有画"的表达方式，不仅提升了节目的审美品位，也加深了听众对楚辞的情感共鸣。

结尾部分巧妙收束，以"楚歌依旧，楚韵流芳"呼应开篇，既强化了节目主旨，也为后续内容留下伏笔，引导听众继续探索《九歌》的深远意境。整个节目不仅是一场文化知识的普及，更是一场关于古典文学、祭祀文化和神话意象的审美享受，使听众在潜移默化中提升文化鉴赏能力，真正实现了文艺音频节目的社会价值。

训练材料

《典籍有声》

1. 观众定位

20~50 岁对传统文化感兴趣的听众，尤其是对儒家经典、国学智慧、历史背景以及文化传承有深入探究欲望的群体。

2. 节目时长

10~12 分钟。

3. 节目内容

涵盖"四书五经"的核心文本、哲学思想、历史渊源及现实应用。例如，在解读《论语》时，节目不仅会分析"学而时习之，不亦说乎"等经典语句的思想内涵，还会结合古代学者的解读，探讨儒家"修身、齐家、治国、平天下"的实践路径。此外，节目还涉及《诗经》的美学价值、礼乐文明与社会秩序、《尚书》的政治智慧等，帮助听众理解这些经典对中华文明的深远影响。除了文本解析，节目还将介绍这些典籍在不同时代的流变，以及如何影响古今中外的文化思潮，让听众从历史视角理解"四书五经"的价值。

4. 节目风格

以雅致、温润、富有文化韵味为主，娓娓道来，引导听众沉浸式感受经典的美感与智慧。语言简练流畅，既富有文艺气息，又避免晦涩生硬，使国学更加通俗易懂。在音效上，节目可使用古琴、箫、琵琶等传统乐器演奏的背景音乐，以营造古典氛围，同时在引用古文或诗词时，加入轻微的回响效果，使其更具感染力。此外，节目可结合访谈、朗诵、对话等多种形式，邀请国学研究者、文化学者、书法家等嘉宾，共同探讨"四书五经"的现实价值，让听众在沉浸式体验中领略中华典籍的深厚底蕴。

案例2　《玉带北路67号》[①]

本节目通过剧本中第一人称视角"我"从抗拒学戏到理解父亲期望、感悟戏曲魅力的转变过程，引发听众在个人成长、家庭关系以及文化传承方面的共鸣，使听众思考自己与传统文化之间的联系，增强听众对传统文化的认同感。

节目时长约4分钟。整个节目传递坚持与热爱的价值观，讲述爷爷、父亲以及川剧传承者们在面对困难时坚持传承川剧的故事，传递坚持、热爱和勇于面对挑战的价值观，鼓励听众在追求自己热爱的事物时坚持不懈，克服困难。节目也注重传承与弘扬戏曲文化，借助讲述"我"与川剧的故事，展现川剧的魅力与传承历程，激发听众对川剧等传统戏曲艺术的兴趣，促进戏曲文化的传承与传播，让更多人了解和喜爱这一文化瑰宝。

节目内容

玉带北路67号

案例解析

《玉带北路67号》以个人成长为主线，承载川剧文化的传承命题，借助沉浸式叙事和诗意化表达，塑造了一部极具文化审美价值的文艺类作品。节目通过主角"我"与川剧的情感纠葛展开，利用戏剧化的冲突、回忆的交错叙事以及

---

① 原创节目。制作人：四川师范大学影视与传媒学院何宇健；指导老师：韩幸霖。该节目荣获米兰设计周中国高校设计学科师生优秀作品展全国决赛三等奖。

情感的层层推进，使听众在情节的流转中逐步感受川剧的文化韵味与精神传承。

节目用双层叙事结构，一条是现实线，"我"作为旁观者进入剧院，观看川剧演出，在台下聆听着戏曲韵律，同时内心掀起涟漪；另一条是回忆线，重现"我"小时候学习川剧的经历，从抗拒、迷茫到理解与接受，展现文化认同的逐步建立。两条叙事线在情节推进中巧妙交融，现实与回忆的切换流畅而富有节奏感，尤其是在关键情绪点，例如"我"在剧院内无意间跟唱《白蛇传·金山寺》的片段，声音由小到大，逐渐与小时候的自己重叠，过去与现在呼应。这种交错结构不仅强化了听觉上的层次感，也使个人成长与文化记忆紧密交织，提升了节目叙事的感染力。同时，川剧演员梅先生的演唱、剧院小二的热情吆喝、小时候的"我"与爷爷的对话，都展现了各具特色的人物形象，使节目既具故事性，又保持了传统戏曲的氛围感。

文化审美层面，节目不仅讲述个人与川剧的情感联系，更通过"玉带北路67号"这一象征性的场所，展现川剧在时间长河中的流变。从川韵老人的创造，到曾祖父的坚守，再到如今川剧传承的困境，节目借助故事隐喻川剧的历史变迁，使戏曲文化的沉淀与个人命运紧密相连，这不仅提升了听众对川剧艺术的认知，也让文化传承的艰难现实以更富人文关怀的方式呈现，升华了节目主题。

在语言表达层面，节目以细腻、生动且富有画面感的叙述方式，使听众能够沉浸在戏曲的情境之中。此外，节目中的戏曲演唱片段并非简单插入，而是巧妙融入叙事结构，使其不仅是戏剧的展现，更成为推动情节的重要元素，从听觉层面增强了戏曲艺术的表现力。

最终，节目在情感与文化之间取得了极好的平衡，它不仅是一个关于川剧的故事，更是一场关于文化认同、家庭情感和个人成长的心灵对话。无论是"我"对父亲的理解，还是对川剧文化的敬意，都在温润细腻的叙事中得到升华，使听众在听觉享受的同时，对戏曲文化有了更深的理解与感悟。

训练材料

《梨园古韵》

1. 观众定位

节目主要面向对中国传统戏曲和地方文化有浓厚兴趣的年轻听众群体，年龄定位在 18～35 岁。这部分听众喜欢探索和学习关于传统艺术的知识，对那些能够提供文化深度和情感共鸣的内容表现出较强的兴趣。他们倾向于通过音频节目来获取关于传统戏曲艺术的教育和启发，并愿意通过这类内容加深对文化遗产的认识和尊重。

2. 节目时长

10 分钟。

3. 节目内容

精心设计对话和旁白，以讲故事的方式展开叙述，生动展现人物的情感，深刻反映戏曲文化的丰富内涵。节目通过引人入胜的叙述和场景描绘，在展示戏曲美感的同时，传达对传统艺术的尊重和热爱。

4. 节目风格

节目风格文艺而感人，语言优美且充满诗意。节目通过生动的人物对话和内心独白，展现主角情感的变化和成长。背景音乐选取传统戏曲乐器演奏，如琵琶、二胡，以及实地录制的戏曲表演片段，营造出浓厚的传统文化氛围，增强节目的沉浸感和教育价值。

案例3 《罗生门》[①]

节目聚焦经典影片《罗生门》（黑泽明导演），从剧情、拍摄手法、文化内涵等多维度进行深度解读，让听众全面了解这部具有深远影响力的电影，提升对电影艺术的鉴赏能力。节目通过影片中不同人物对同一事件的不同叙述，引导听众思考人性的复杂、真相的难以捉摸以及社会中的利己现象，进而引发听

---

① 原创节目。制作人：四川师范大学影视与传媒学院朱闰钢；指导老师：韩幸霖。

众对自身和社会的反思，培养批判性思维。

节目时长约 10 分钟。节目大量运用丰富的音效，如风雨声、刀剑碰撞声、脚步声、电影原声等，生动还原电影场景，增强节目的现场感和氛围感，让听众仿佛置身于电影情节之中，打造沉浸式听觉体验。

节目内容

罗生门

案例解析

《罗生门》以电影艺术剖析为核心，通过精准的叙事节奏、沉浸式音效设计和深度文化解读，使听众在短短 10 分钟内既获得电影知识，又能深入理解其中探讨的人性。节目采用戏剧化结构，在层层递进的叙述中，将电影的核心主题"真相的多重性"展现得淋漓尽致，同时结合文化背景与导演手法，使节目兼具学术深度与大众传播性。

节目采用"剧本化演绎＋评论解读"双线推进。一方面，通过音效、台词、旁白的结合，再现电影《罗生门》的关键情节，听众仿佛置身其中，随着故事的推进逐步接近案件的核心；另一方面，主持人以电影分析的视角，对影片的叙事结构、视觉风格和文化意涵进行剖析，使节目在具备故事性的同时，也具备较高的理论价值。这种双线交融的结构不仅增强了听众的沉浸感，也使节目具备了戏剧性的起伏，极大地提升了听觉吸引力。

节目的叙事结构同样契合电影的"罗生门结构"——不同证词交错重叠，营造出碎片化的真相迷局。以樵夫的回忆开篇，引出三人不同的证词，案件的叙述层层递进，每个角色的证词都自成一格，不仅在声音设计上做出区分（如强盗的狂笑、女子的哀求、武士鬼魂的低语），也在叙述方式上强调人物性格，使每段证词都能展现其独特的情感视角。最后，主持人将电影的主题归结于人性的复杂与真相的不可捉摸，以"罗生门"一词的社会文化延伸收尾，使节目从个案分析扩展至更宏观的哲学思考，提升了节目层次。

在声音表达层面，节目充分利用了电影广播的听觉特性，通过风雨声、刀剑交击声、脚步声、喘息声等精细化音效，还原影片的悬疑氛围，使听众在声景营造中体会"真相隐藏在竹林中"的压迫感。尤其在案件回忆部分，不同证词交替使用不同的背景音，如强盗的回忆充满狂妄与挑衅，而女子的证词则伴随低沉的哀乐，武士的鬼魂叙述更是借助空旷幽深的音效制造超现实感，使不同版本的叙述在听觉上形成对比。这种声音叙事方式不仅增强了戏剧张力，也使听众在无形之中理解了"罗生门"式的矛盾与多义性。

节目在文化审美层面也有极强的深度。它不仅讲述电影的艺术成就，更深入挖掘其背后的文化价值，特别是在解读《罗生门》时，不仅涉及电影语言的创新（如黑泽明的光影运用、场景极简化处理），还将其与芥川龙之介的文学原著进行对比，揭示其对人性的深刻拷问。这种多层次解读既提升了节目内容的专业性，也让听众在欣赏电影的同时，对东亚文化的人性观有了更深入的认知。

整体而言，节目以戏剧化的再现方式，使电影内容生动呈现，辅以专业电影解析，使节目兼具知识性、文化性和艺术性。同时，节目在叙述层面遵循"罗生门结构"，在音效塑造层面强化情境感，在文化审美层面拓展主题深度，使其不仅仅是对电影的介绍，更是一次对人性、真相与社会认知的深刻探索。

训练材料

《海上钢琴师》

1. 观众定位

节目主要面向 15～35 岁热爱文艺作品、对电影艺术有探索欲望，在生活中追求精神深度与情感共鸣的年轻群体。该群体喜欢从电影中汲取人生感悟，对展现人性、梦想等主题的内容接受度高。

2. 节目时长

10 分钟。

3. 节目内容

主持人在偶然间重温一部经典老片，其独特魅力让人难以忘怀，由此引出本期主题《海上钢琴师》。按电影情节发展，讲述主角 1900 成长过程中与钢琴的不解之缘。分析电影的音乐运用，如 1900 弹奏的经典曲目如何与情节完美融合，从而推动情感表达；深入剖析电影所传达的孤独、坚守、对梦想纯粹追求等主题。结合现实生活，讨论人们在面对诱惑与挑战时，应如何坚守内心的一方净土，引发听众对人生价值的思考。

4. 节目风格

语言优美、富有诗意，在描述电影情节与艺术特色时，运用生动形象的词汇，对话简洁且贴合电影情境，避免复杂生僻词汇，确保通俗易懂。旁白声音富有故事感，根据情节发展调整情感与节奏，在紧张情节处节奏加快，抒情部分声音放缓。模仿电影角色声音时，尽量贴合角色性格特点，展现其情感变化。

案例 4　《光影拾贝》①

《光影拾贝》通过解析经典电影里的精彩台词，带领听众走进不同的电影世界。主持人对台词的解析不仅限于电影本身，也从生活角度出发，反思生活中的热点与各类现象，同时带给观众娱乐与反思。节目面向对电影感兴趣、关注社会问题、注重个人成长的年轻群体。

节目时长约 19 分钟。节目通过对经典电影台词的深度剖析，传播电影文化，提升听众对电影艺术的鉴赏水平，引导听众从电影台词中汲取人生智慧，引发情感共鸣，丰富精神世界，促进听众对生活的思考与感悟。

---

① 原创节目。制作人：四川师范大学影视与传媒学院叶姗姗；指导老师：韩幸霖。

节目内容

光影拾贝

案例解析

《光影拾贝》以电影台词为核心，通过细腻的分析、层层递进的叙述，以及精心构建的情感共鸣，电影艺术的魅力得以最大化展现。节目打破了传统的影评或电影解读模式，不是单纯回顾剧情或剖析导演手法，而是从台词入手，将电影情节与人生哲理、社会现实相结合，使听众在影像之外，获得更深层次的思考和启发。

节目的结构编排极具巧思，不是简单列举台词，而是按照情感递进和主题深化的方式展开。开篇以哪吒的"若前方无路，我便踏出一条路"引入，点明电影的核心精神——叛逆、抗争、不服输。随后，每一句台词的解析都建立在角色成长的轨迹之上，从哪吒的挣扎，到申公豹的自省，再到敖丙的觉醒，节目巧妙地将电影的叙事脉络嵌入台词解析中，使听众在回顾经典对白的同时，也能顺畅地感受到角色的成长。这种由个体到群体、由个人经历到社会价值观的递进，使节目内容层次分明，逻辑清晰，富有思辨性。

在表达方式上，节目采用了"讲述＋电影同期声"的双轨道叙事方式，使情绪渲染更加自然、立体。对于每句台词的剖析，都紧密贴合电影的情节刻画与角色成长，并搭配影片原声，增强沉浸感。主持人的解读语言既有学术的严谨性，又兼具生活化的趣味性，例如谈及石矶娘娘的乐观时，幽默地称其为"快乐大山"，既拉近了与听众的距离，又保持了对角色分析的深度。此外，节目还巧妙利用网友评论作为补充，使电影的解读更具互动性与时代感，这种结合网络文化的方式不仅拓展了节目的信息来源，也进一步提升了观众的参与感和共鸣度。

在文化审美层面，节目不仅关注电影的艺术成就，还深挖其哲学价值和人文精神。台词不仅是电影塑造角色和推动情节的工具，更是传递思想和价值观的重要载体。节目从台词出发，探讨社会规则、家庭关系、个体成长、人生意义等议题，使电影的文化意涵得以延展。例如，在解析"父王只是想用自己的经验，为你谋个幸福"时，节目不仅关注了角色的成长变化，也引申到现实中父母对子女的期望与放手，引发听众对家庭教育观念的思考。这种多维度的文化解析，使节目超越了单纯的电影赏析，成为一次更具思想深度的文化传播。

整体而言，《光影拾贝》以台词为媒介，在电影艺术与现实经验之间搭建起一座桥梁。节目通过层层递进的叙述逻辑，使台词不仅成为对电影情感与角色成长的见证，更成为映照现实人生的镜子。通过严谨又生动的语言表达、沉浸式的听觉体验以及深刻的文化审美视角，节目不仅提升了听众的电影鉴赏能力，也引发了他们对人生的深刻思考，使电影台词的力量真正得以延续。

训练材料

《电影新发现》

1. **观众定位**

追求独特观影体验、对电影感兴趣的大学生及年轻群体。

2. **节目时长**

10分钟。

3. **节目内容**

挑选一部电影，先简要介绍电影的故事背景和情节发展，接着从导演的创作风格、影片的叙事结构、画面色调与配乐的独特搭配等方面进行深入分析。邀请学校电影社团的成员作为嘉宾，分享他们观看这部电影的感受和见解，同时在节目中设置互动环节，通过社交媒体收集听众对小众电影的推荐和看法。

4. **节目风格**

语言富有感染力和青春活力，结合大学生的思维方式和流行文化，用轻松、诙谐又不失专业的语言进行讲解，营造出轻松有趣的节目氛围，激发听众对电影的兴趣。

案例5 《音乐茶馆》①

《音乐茶馆》是一档每日一更的音频节目，时长约 10 分钟，每日以沉浸式声音剧场融合城市文化、音乐疗愈与茶道美学三重维度。主持人以"声音掌柜"身份介入，依托川味方言构建叙事基底，将市井茶馆的烟火气与专业音乐解构视角相糅合，通过散文诗化文本与民乐流行跨界声效的互文设计，在声波中重塑都市人的精神栖居地。

节目内容

音乐茶馆

案例解析

《音乐茶馆》是一档极具文化韵味的文艺音频节目，主持人在节目创作上充分展现了对音乐、茶文化以及城市情感的深刻理解与巧妙融合。主持人采用"城市文化地标＋音乐人＋茶文化"三维叙事结构，通过声音塑造出一个兼具听觉享受与文化深度的"茶馆"空间，让听众仿佛置身于一座城市的文化核心，与主持人一起品茶听曲，感受音乐与生活的交融。

节目以散文诗化的语言风格，将音乐、茶道与个人感悟巧妙结合，使节目内容既充满诗意，又富有故事性。例如，在讲述莫文蔚的《盛夏的果实》时，主持人通过蒙顶甘露的清甜回甘，与歌曲所传递的青春遗憾之感建立联系，让

---

① 原创节目。制作人：四川师范大学影视与传媒学院何治彤；指导老师：韩幸霖。

音乐的意境与茶的韵味相互交融。整场节目中，主持人不仅精准运用富有画面感的描述，还巧妙穿插人物对话、背景音效，使叙事生动流畅，富有层次感。

主持风格上，主持人兼具文化学者的深度与"店小二"式的亲切感，既将音乐与茶文化的历史沉淀娓娓道来，又以风趣的互动方式拉近与听众的距离，使节目既具文化厚度，又富有生活气息。此外，节目在声音设计上也极具巧思，从茶水倒入杯中的声音，到城市公园里的闲谈声、戏曲声，再到音乐的巧妙剪辑，无一不增强了沉浸感，让听众在声音的世界里获得身临其境的体验。

《音乐茶馆》以其独特的节目创作思路、精致的语言表达以及具有文化深度与亲和力的主持风格，成功打造了一档兼具听觉美感与文化品位的音频节目，为都市听众提供了一处"诗意栖居"的精神港湾。

▌训练材料

《旋律诗章》

1. 观众定位

热爱独立音乐、追求诗意表达与情感共鸣的大学生群体，特别是对民谣、后摇滚、城市诗歌音乐等文艺类型有偏好的校园音乐爱好者。

2. 节目时长

15 分钟。

3. 节目内容

节目选取一位独立音乐人/乐队的代表作品，解析其音乐创作中的文学性表达。截取 3~4 段具有诗性美感的歌词片段，结合特殊音色（如手风琴呜咽、提琴滑音、合成器音效等）进行声景还原。

4. 节目风格

节目语言需富有诗意与表现力，兼具文学的温度与音乐的流动性。整体风格应温柔细腻、情感饱满，以"讲音乐的方式讲生活、以生活的方式听音乐"为核心理念。鼓励主持人用情景化、故事化的方式引入话题，营造浪漫、温馨而不失深度的审美氛围，使听众在短短 15 分钟内获得一次灵魂被唤醒的声音之旅。

第五章　社教音频节目创作分析与实训

社教音频节目是以教育和社会服务为核心的音频节目类型，涵盖了科普、法律、文化、心理健康等多个领域，其目标是提升听众的文化素养和社会认知能力。在创作过程中，节目既要确保内容的科学性和权威性，又需兼顾听众的接受度，以生动形象的表达方式增强节目吸引力。我们将围绕社教音频节目的语言特点与传播功能、文本创作与审美逻辑、主持语言表达技巧三个方面展开分析。

一、社教音频节目的语言特点与传播功能

社教音频节目的语言特点在于其通俗易懂、规范严谨、富有感染力。社教音频节目的受众群体广泛，包括各个年龄段、不同文化层次的人群，因此，其节目语言必须具备可理解性与可接受性。语言的通俗化使得专业知识能够以更易接受的方式传播，同时，社教音频节目要求主持人和节目编导对信息的准确性负责，避免误导听众。此外，社教音频节目的语言还需具备较强的感染力，以增强节目对听众的吸引力和教育影响。

从传播功能来看，社教音频节目既具有知识传播功能，又发挥着社会引导功能。社教音频节目不仅向公众提供科学知识、历史文化、社会伦理等内容，还通过音频节目这一大众媒介广泛的传播力，引导公众树立正确的价值观念。例如，一些关于健康、心理咨询、法律常识的社教音频节目，能够在社会热点问题上提供理性分析和专业建议，帮助听众建立科学的生活方式。此外，社教音频节目具有较强的互动性，能够借助听众热线、网络互动等方式提升受众的参与感，使节目更具实效性和针对性。

二、社教音频节目的文本创作与审美逻辑

社教音频节目的文本创作需要兼顾科学性、艺术性和传播性。科学性要求节目内容真实、可靠，避免夸张和误导。文本创作者需借助权威来源，确保节目的专业性和可信度。艺术性体现为语言的生动性和表现力，文本需具有一定的文学性和叙事性，使知识传播更加富有感染力和吸引力。例如，社教音频节目常采用故事化表达手法，通过讲述真实案例或构建情境，提高听众的代入感和理解程度。

从审美逻辑来看，社教音频节目的文本创作应遵循美学原则，强调语言的节奏感、层次感和表现力。学者李泽厚提出，美育不仅是审美体验，更是一种价值观的塑造[①]。因此，社教音频节目文本在创作时应注重语言的和谐美、逻辑美和情感美，使节目不仅富有教育意义，也具有审美价值。例如，在主持过程中，适当运用抑扬顿挫、重音变化等表达技巧，可以增强节目的听觉美感，从而提升听众的接受度和审美体验。

此外，社教音频节目的文本创作需要适应当代传播环境的变化。在融媒体时代，社教音频节目需与新媒体平台结合，实现多渠道传播。例如，一些社教音频节目通过短视频、播客等新媒体形式进行二次传播，扩大了节目影响力，并利用大数据分析听众反馈，优化内容创作策略。

三、社教音频节目主持语言表达技巧

社教音频节目主持人的语言表达需具备准确性、亲和力和互动性。在准确性方面，主持人要使用规范化语言，避免随意发挥和错误表达。例如，在科普类社教音频节目中，主持人需要严格依据专业知识进行讲解，确保传播内容的科学性。在亲和力方面，主持人要通过温暖自然的语调、贴近听众生活的表达方式，增强节目的人文关怀，使听众感受到社教音频节目的温度。在互动性方面，主持人应善于与听众建立情感联系，运用开放性提问、引导式表达等方式，鼓励听众思考和参与。例如，在法律类社教节目中，主持人可以通过讲述真实案例，引导听众讨论案例中的法律问题，使节目更加生动、富有吸引力。

---

① 李泽厚. 美的历程 ［M］. 天津：天津社会科学院出版社，2001.

此外，社教音频节目主持人还需要掌握一定的即兴表达能力，以应对突发情况和听众反馈，提高节目灵活性和互动性。

总之，社教音频节目的创作需兼顾语言的传播功能、文本的美学价值和主持人的表达技巧。在新媒体环境下，社教音频节目不仅是知识传播的重要载体，也是推动社会教育与文化传播的重要力量。未来，随着人工智能、5G 等技术的发展，社教音频节目将在智能语音交互、个性化内容推荐等方面进一步创新，增强受众体验，拓展传播边界。

四、社教音频节目案例解析与实训

案例 1　《声音里的中国》

《声音里的中国》作为官方媒体平台上的节目，有一定的听众基础，并且通过与不同机构的合作，其影响力和覆盖范围都较为广泛。节目由中央广播电视总台中国之声主持人、资深配音演员姚科主持。节目时长为 4 分钟，更新频率为每周一更。该节目受众通常是历史文化爱好者、广播听众、对中国传统文化感兴趣的听众。

节目意图通过解读方言、地方戏曲或歌谣等中国的传统声音，向观众以点及面、由浅入深地溯源传统文化。它是一个集文化教育、情感共鸣和技术展示于一体的广播节目，通过丰富多彩的内容和深入浅出的讲述方式，让听众感受中国的文化魅力。下面以其中一期节目为例：

节目内容

成都｜川剧里为什么总爱悲剧喜演[①]

开头

（川剧清音《摘海棠》渐起，第六秒渐弱变背景音乐）

主持人：您现在听到的是四川清音《摘海棠》，随着檀板和竹筷击打

---

① 参见云听平台，《声音里的中国》2022 年 7 月 15 日节目，内容有改动。

竹鼓的声音清脆响起，婉转清丽、抑扬顿挫的唱腔让人不禁想念起川西坝子茂密的竹林、氤氲清香的盖碗茶和热闹的龙门阵，这可是成都人的生活滋味。

（背景音乐变纯声轻音乐）

正文

主持人： 四川清音虽是西南曲，但即便北方人也不难理解其中含义。巴蜀民俗专家袁庭栋说：表演者演唱所用的成都话属于北方语系。

（插入袁庭栋同期声）：因为四川是个移民省，明末清初，18个省的移民到了四川，现在四川的外省移民的后代占80%以上，其中在成都的占98%以上，那么这一种移民后的结果，是我们的语言中有各省语言词汇的成分，但是，成都话是通用的比较标准的代表性四川方言。

（渐起插入川剧，后变背景音乐）

主持人： 从这一段咿咿呀呀的唱段里，我们依稀可以听出些许昆曲的味道。没错，这是川剧唱腔里川昆的典型代表作。成都川剧研究院国家二级演员熊剑说：川剧的声腔融合了其他地方剧种的特点，而从舞台表演来看，川剧也体现着当地人乐观幽默的性格。

（插入熊剑同期声）：我们从舞台表演来讲的话，就喜剧悲演、悲剧喜演，再悲的戏我们都一定要加喜剧的元素在里面，让观众看了以后又哭又笑、又笑又哭。悲剧当喜剧演，与四川人的豁达有很大的关系。四川人经常说的一句话就是：在四川没有一顿火锅解决不了的问题。再悲伤的事，吃顿串串就 ok 了。

（插入成都火锅店服务员招待的声音）：几位？哎你们两位哇？红锅还是鸳鸯？来，里面请。

主持人： 成都的火锅又麻又辣，是成都人菜单上永恒的主题，吃的是味道、品的是生活。在成都美食节目主持人飞哥看来，麻麻辣辣的川菜和有盐有味的成都话才是绝配。

（插入飞哥同期声）：如果说我们要用成都话来讲，嫩牛肉切得只那么薄，花椒面、海椒面润起，吃到嘴巴里头，辣分儿分儿嘞①，就这个生动多了。

---

① 四川方言，表示辣得够味。

　　主持人： 这就是成都，一座拥有 3200 年建城史的天府之国，它得天独厚、历尽沧桑，千百年的岁月洗礼让它繁华落尽，而乐观从容的品质让它熠熠生辉。

结尾

　　（垫乐《锦绣成都》渐起，后变宏伟纯音乐）

　　主持人： 用声音记录中国。

案例解析

　　社教音频节目《声音里的中国》，以文化溯源和声音叙事为核心，展现中国传统文化的深厚底蕴。节目创作思路不仅是单纯的信息传递，还通过声音元素的层层铺陈，让听众在沉浸式体验中理解文化现象的形成背景。以《川剧里为什么总爱悲剧喜演》为例，节目从一段川剧清音《摘海棠》开场，通过音乐、环境音、人物同期声等多重音响层次，营造出生动的文化氛围，使听众仿佛置身于成都的茶馆、戏楼或火锅店之中，从而实现文化体验的共情共鸣。

　　主持人的语言表达极具画面感，他善用富有感染力的描述性语言，将地方文化的细节娓娓道来。例如开篇时用"婉转清丽、抑扬顿挫的唱腔让人不禁想念起川西坝子茂密的竹林、氤氲清香的盖碗茶和热闹的龙门阵"这一段话，让听众不仅听到了川剧，更在脑海中联想到成都的烟火气息。此外，他的表达既严谨又充满人文温度，既有文化知识的讲解又富有生活化的表达，如引用"在四川没有一顿火锅解决不了的问题"，使节目不失亲切感。

　　在主持风格上，节目采用层层递进的叙事逻辑，从方言的溯源到戏曲的演变，再到四川人的生活方式，通过嘉宾采访、戏曲片段、生活音效的穿插，构建起丰富的听觉层次。主持人的语调稳重而富有韵律，既能够精准传达文化信息，又能在叙述过程中加入情感波动，使节目听起来既不呆板，也不会过度煽情。这种稳中有动的节奏，使得整个节目的文化厚度与听觉体验得到了完美结合，也让听众在轻松的氛围中深刻理解了川剧这一艺术形式的审美特色及其所承载的地方性格。

　　作为一档社教音频节目，《声音里的中国》以声音作为媒介，将文化记忆具象化。它不仅关注传统文化的知识传播，更注重听众的听觉体验与情感连接，以精致的声音设计和富有温度的语言讲述，赋予文化传播更强的吸引力，使节目成为连接传统与现代、知识与生活的桥梁。

训练材料

《智享生活秀》

1. 观众定位

《智享生活秀》精准定位于追求高品质、高效率生活的现代都市居民，特别是那些年龄在 25～45 岁，拥有一定教育背景和经济基础的中青年群体。他们包括但不限于科技爱好者、环保倡导者以及健康生活追求者。这些听众群体普遍具有较高的消费能力和较强的消费意愿，对智能科技产品有着较强的接受度和购买力，同时也是社交媒体和线上平台的活跃用户，乐于分享自己的使用体验和生活感悟。

2. 节目时长

10 分钟。

3. 节目内容

主持人以轻松愉快的方式开场，配以轻快的背景音乐，简要介绍今天的节目主题和即将带来的精彩内容，激发听众的收听兴趣。同时，快速介绍本周内发布的几款引人注目的智能科技产品，包括其亮点功能、适用场景及市场反响。

4. 节目风格

在介绍智能科技产品、探讨科技发展趋势时，主持人要准确使用专业术语，并适时提供简明易懂的解释，确保既体现专业性又不失通俗性。主持人通过理性的分析、温和的语气、亲切的态度以及贴近生活的事例，拉近与听众的距离，让科技知识更加接地气、更易于接受。可以在节目中穿插轻松愉快的互动环节，如听众提问、嘉宾分享等，营造温馨、和谐的收听氛围。对于复杂的科技问题或时事热点，要进行深入剖析和解读。通过层层递进、逐步深入的方式，帮助听众理清思路、把握核心要点，为听众提供高效、实用的信息服务。

案例 2　《知本论》

《知本论》是一档由中信出版旗下知识服务品牌"中信书院"打造的商业财经知识播客。当人们生活的世界被信息、观念、态度、数据、标签重新建构，知识可以成为打开财富世界的一把钥匙。节目时长约 60 分钟，更新频率是两周一更。

节目兼具学术严谨性与大众传播性，呈现"理性分析＋热点追踪＋前瞻预判"的风格特征。主持风格沉稳不失亲和。这档节目中，主持人将会和很多财经、商业领域的嘉宾，一起聊投资、财富，以及其他和经济相关的话题，与听众一起，以知识为资本，用价值的逻辑，重新看世界。下面以其中一期节目为例：

节目内容

对话徐高：2025 年中国经济看什么，刺激消费靠什么？[①]（节选）

开头

（片头）

（背景音乐渐入）

主持人： 以知识为资本，用价值的逻辑看世界《知本论》。

（嘉宾谈话金句混剪）**徐老师：** 就我们现在的内需不足，一定是个收入分配问题，一定是产生于你全社会的总收入没有充分地流向有无限支出意愿的消费者。日本的低欲望社会，我觉得更多的是它经济低迷的结果。你要说现在中国就已经进入了一个低迷社会，我觉得有点言过。既然企业部门觉得找不到好的投资项目，那你就不如把这个钱转移给普通老百姓，你的内需不就起来了吗？经济发展的目标是什么？难道单纯是为了争取尽可能高的 GDP 吗？不是这样的。现在老百姓他不是不应该，他只是不敢买期房。我不认为地产几乎没有了，可能在不远的未来就是供不应求。

---

① 　参见喜马拉雅平台，《知本论》2025 年 2 月 27 日节目，内容有改动。

正文

主持人： 嗨，朋友们好，欢迎收听《知本论》，我是冰洁。今天我们非常高兴邀请到了我一直都非常想跟他交流的一位重磅的经济学家。他就是中银证券的首席经济学家，也是北大国发院的兼职教授徐高老师。我们先请徐老师跟大家打个招呼。

徐老师： 大家好，非常高兴到中信的这个对话厅来做客。

主持人： 其实我很早之前就想邀请徐老师。因为我知道您一直关注整个宏观经济的动向，也关注包括投资理财这些微观层面的动向。而现在，现在还是今年的一季度，大家对于今年的宏观经济形势会怎么走、怎么投资，还有具体的一些产业、行业的一些动向，其实都非常关注，所以我觉得这是一个非常好的与您交流的节点。

虽然说今年才过去两个月，但是最近已经密集地发生了一系列我觉得都非常值得聊的大事情。（论点 1）比如说这个文娱行业的发展，《哪吒 2》的票房在不断地刷新纪录。然后就是大家不能忽视的，我们科技领域的进展，从这个 DeepSeek 引发的新一轮对于中国当前科技创新方面的狂潮。所以就先跟徐老师从我刚刚提到的这两个热点来聊一聊吧。您在关注这几个大的经济热点事件的时候，会怎么来评价这个事情？

徐老师： 2025 年，虽然才过去两个月，但整体来看亮点非常多。大家能感受到这个市场的情绪有比较明显的提升。像您刚才提到的《哪吒 2》电影，还有 DeepSeek，确实还是很提振大家的信心的。

能看出来，中国当前的竞争力还是非常强劲的。这个竞争力来自两方面：第一，就是我们这种有技术的，或者说以前一直讲的这种叫作"工程师红利"。这么多这种受过高等教育的人才的涌现，必然会对包括这种技术前沿的一些产业在内的各方面，形成很强劲的支撑。第二，就是我们这种规模优势还是很强。比如说像《哪吒 2》这个电影，我也注意到其实投入了大量的人力。实际上我想可能如果不是一个大国，很难找到这么多，数以千计的在动画方面、数字影像方面有这么高能力的人才。而我觉得这只是刚刚开始，还有很大的进一步提升的空间。但是我们同时要观察到，我们经济的这种下行压力仍然还是比较大的。比如说我们很重要的一个行业就是房地产行业。我们从这个高频数据能够看到，到目前为止相对还是比较低迷的。如果说这个地产行业的下行压力不能够在今年得到扭转或者得到缓解的话，那么今年我们全年5％增长目标实现起来，我觉得可能还是有难度的。传统的引擎继续保持稳健，新的增长点又不断地萌生，那么中国经济就会进入一种比较好的、增长比较健康，而且竞争力不断提升的局面。

主持人：我觉得您提到了两个非常重要的角度。（要点总结）第一个是供给链的问题，会看到有更多新的动能出来。这个确实在很大的一个层面上提振了我们的信心。还有一个是在需求层面，我们经济可能长期存在的这些问题或者是困难也不能忽视。我们先说第一个供给侧层面，就除了咱们在国内都能感受到的这种经济涌动的热潮之外，其实我发现国外也非常关注中国的这一系列（一、二月份的）尤其在科技领域的创新。

其实在一月份的时候，就DeepSeek还没有引发这种大规模的全球关注的时候，我就看到，德银发了一篇评论，他的那个题目翻译过来就是说"中国正在吃掉全球"。什么意思呢？就是他提到了很重要的一点，他认为2025年可能会是中国高端制造业和这种新兴科技产业的一个历史性的分水岭。我不知道您有没有关注到这篇报告，您对他的这些观点是怎么看的？（主持人衔接＋提问）

徐老师：包括国内外同行的这种观点，尤其一些影响比较大的观点，我们都会关注。

....

主持人：您的回答中其实有几个点，我觉得可以拆解一下。（主持人提炼嘉宾回答要点）第一个是您说其实人人都有需求，人人都有欲望。只不过是个人的购买力或者是个人的收入并不能满足自己的欲望。因为之前关于需求不足的问题，我看到有很多讨论，就是说现在大家在不断地克制自己的欲望，特别是像消费方面的一些欲望。而我们现在又很喜欢拿中国当前的情况跟日本做一些对比。因为日本之前就有一个讨论说进入了低欲望社会。所以我通过您的分析，我觉得当前并不能说我们就进入了一个低欲望社会，对吧？日本有个叫大前研一的学者，就认为日本是低欲望社会，美国是高欲望社会，所以在美国有效的宏观刺激的政策放在日本就无效，所以日本就失去了10年、20年、30年，这是他的观点，我想这个观点也有他的道理。

············

结尾

主持人： 我们也非常期待，希望您的著作能够快点出来。很荣幸今天的节目请来了徐老师做客，我们下期再会。

（片尾曲响起）

案例解析

《知本论》是一档深度财经访谈类播客，节目创作思路围绕经济热点、学术洞见和社会现实展开，通过专业人士的对话，搭建财经知识与公众认知之间的桥梁。节目核心逻辑并非单向的信息输出，而是通过层层递进的提问和辩证讨论，促使嘉宾从更深层次解析经济现象的内在逻辑。例如本期访谈聚焦中国经济走势，通过房地产、科技创新、基建模式等多个角度，逐步构建对 2025 年中国经济的全景观察，使听众在宏观趋势和微观案例之间建立清晰的认知框架。

在语言表达上，主持人的叙述兼具专业性和亲和力，既能精准概括嘉宾观点，又能巧妙提炼核心问题，推动讨论深入。例如主持人在嘉宾讲述后会即时总结关键论点，如"您的回答中其实有几个点，我觉得可以拆解一下"，以此强化听众对核心内容的理解。同时，她的语言逻辑清晰，避免晦涩的经济术语，以更通俗易懂的方式呈现复杂的财经概念，降低受众的理解门槛。嘉宾的表达则更偏向学术化，但他善于通过数据、案例和国际对比强化论证，例如用日本的"低欲望社会"与中国的消费现状进行对比，让抽象的经济理论具象化，增强听众的代入感。

节目采用了"结构化对话"的方式，主持人通过设定多个层次的问题，引导嘉宾展开更深入的分析。例如，主持人先从市场情绪变化切入，再引导嘉宾探讨供给侧和需求侧的问题，最终上升到"中国经济增长模式的核心机制"这一更具理论高度的讨论。整个访谈不仅围绕经济话题展开，还涵盖社会学、政策分析、国际经济对比等多个维度，展现了财经播客的跨学科深度。此外，主持人与嘉宾的互动节奏紧凑，对话衔接自然，没有冗长铺垫或过度修饰，确保了内容的流畅性和信息密度，使节目既具专业价值，又能维持较高的吸引力。

整体而言，《知本论》以财经热点为切入点，通过结构化的主持方式和理性深度的对谈，构建出一档既具学术严谨性又兼顾大众传播性的财经播客。它不仅提供数据分析和政策解读，更强调经济逻辑与社会现实的结合，使财经内容既有前瞻性，也富有现实指导意义。

训练材料

《数字时代》

1. 观众定位

主要面向 18~45 岁，对文化艺术、科技发展有浓厚兴趣，关注传统文化在现代社会的命运，且具备一定思考能力和求知欲的群体。这部分人群乐于探索新兴文化现象，追求文化内涵与时代感的融合。

2. 节目时长

10 分钟。

3. 节目内容

节目关注数字时代文化创新的表现形式，关注在数字技术推动下文化创新呈现出的多样化形式。讨论数字艺术的兴起，如数字绘画、动画、新媒体艺术等，这些艺术形式如何突破传统艺术的边界，创造出全新的视觉和感官体验。

4. 节目风格

语言清晰、流畅，通俗易懂但不失深度。避免使用过于专业的术语，必要时进行解释说明。在描述文化现象和案例时，运用生动形象的语言，增强吸引力和感染力。在与嘉宾交流时，语言亲切自然，营造平等对话的氛围。主持人声音富有亲和力，语调平稳且有变化，根据话题内容调整情绪和节奏。

案例3 《寻秦记》

《寻秦记》节目自开播以来，深受听众喜爱。主持人是中共河北省委党校教授、清华大学兼职教授、"百家讲坛"节目主讲人丁万明。受众通常是对历史知识感兴趣的听众。这类听众往往对古代文化、历史事件、历史人物等方面抱有浓厚的兴趣，并希望通过各种渠道深入了解和学习相关知识。

节目时长约 14 分钟，更新频率为每周一更。节目以专家讲解和创意互动产品相结合的形式，带领受众探源秦汉文化。沿着中华典籍的脉络，听众与多位知名学者一道，穿越历史烟云，探寻中华文脉。下面以其中一期节目为例：

节目内容

东夷还是西戎：秦人的先祖真是养马的"家奴"吗?[①]

开头

（背景音乐 | 脚步声渐入）

女声： 哇！秦始皇兵马俑！你快看，每个人的动作表情都不一样，还有这马，栩栩如生的，太壮观了！这就是两千多年前秦朝的气势啊！

男声： 是啊，哎，要我说啊，秦始皇是真厉害。要是能穿越回去，体验一下以前的生活，也不错呀。

女声（笑着说）：那你最好能来个精准穿越，万一穿越到了秦国刚出现的时候你会很惨的。

男声： 唉，可不是嘛，不是有句话是这么说的，是"六国卑秦，不与之盟"嘛。

女声： 嗯，对对对，就是各诸侯国都看不起秦，不愿意跟它结盟。唉，确实有点惨了。

男声： 不就是因为人家秦人的祖先好像是养马的，所以其他几个诸侯国都看不上人家秦国。马招谁惹谁了？

女声： 不过你说这个传说是真的吗？史书里对秦人的祖先到底是怎么记载的呢？

（插入穿越的音效＋琵琶弹奏）

---

① 参见云听平台，《寻秦记》2024 年 5 月 8 日节目，内容有改动。

正文

同期声： 人们了解秦，大多是了解它的辉煌和伟大，很少有人知道被湮没在历史尘烟里的秦的发迹与起源。那么，秦究竟是怎样诞生的？

（插入翻书声）

主持人： 大家好！我是丁万明。我们要讲的第一个问题，就是这秦人到底他的先祖是东夷还是西戎。很多人很好奇，说秦人的先祖到底是不是以养马发家的。我们说，秦的先祖的的确确是善于饲养牲畜，他的先祖的确是为周王驯养繁殖马匹的属下。

我们知道秦始皇二十六年，也就是公元前221年，这个时间节点，咱们大家一定要记住，这时秦王朝正式建立了。因为这一年秦灭齐国后，中国又重新归于一统，这就是秦朝建立的起点。

秦的先祖我们要说第一位受封的叫非子。在周孝王的时候，秦人居住在犬丘这个地方。居住在犬丘的非子因为善于饲养牲畜，所以周孝王就让非子在千河、渭河之间专门负责为周王朝驯养繁殖马匹，并且把秦地赐给他，所以非子就号称叫秦嬴。

我们说任何民族的诞生都有一些神奇的传说，秦当然也不例外。司马迁在《秦本纪》里记载了一个神奇的故事，说秦的先人是帝颛顼的后代子孙，名叫女脩。女脩有一天随口吞食了一颗燕子遗留的蛋，结果就怀孕生下了一个名字叫大业的男孩，这个男孩我们说他就是秦的第一位祖先。这个故事反映了秦的先人有鸟崇拜的文化特征。当然了，历史上很多民族、很多王朝的开端都有这种神奇故事的传说。比如商的先祖是一只黑色的鸟转化成了商的先祖，这个故事基本上和秦的诞生有类似的地方。所以很多学者据此研究认为秦的先人应该是源于东方的东夷部落，后来他们长途迁徙到了西方，并且与西方部族逐渐融合。现代史著名学者蒙文通先生就认为秦是戎族，是一个少数民族的后裔。当然现在也有很多学者认为秦是殷商之户，是东夷部落。但是无论哪种说法都有一个共同点，那就是秦与少数民族的关系非常密切。在商周时期，渭河流域一带的民族成分是非常复杂的，仅仅戎族就有六七支分支，秦人的发展史就是秦与其他少数民族融合、发展的历史。

秦是在与戎人不断争夺生存空间的过程中一步步壮大的。秦孝公为了和戎人搞好关系，就把他的妹妹嫁给戎人的一个王做妻子，意图通过这样的姻亲关系来分化戎人。经过十几代秦人的努力，秦人最终灭掉了周边区域的戎人，实际上是把这些戎人融合到他的部族里面，进一步扩大了秦的疆土面积。特别是在秦武公时期。春秋时期有五霸，秦武公就是其中之一，秦武公在位的时候，他将都城从东荒迁徙到了颍川，使秦的疆土面积拓展到了河西走廊，又通过融合少数民族实现了开地千里的战略目的。所以在拓展疆土的同时，秦的文化中融进了许多戎人等少数民族的文化艺术，而且随着秦国力的逐渐增强，它的影响力迅速扩大，并且辐射至域外，有很多来自域外的物品最终也进入了秦国。

秦人通过早期的丝绸之路与西北地区的域外国家和政权建立了贸易关系，那么这个关系进而影响到了秦国，秦国独特的地理位置使其在东西方文化交流的过程中能够发生聚集的作用。这样我们就理解了为什么后世秦人有很多习俗与少数民族非常相近，为什么东方各少数民族、各诸侯国都看不起秦国。大家知道中国古代很早就有一个观念——夷夏大防，所以在周的时候，我们知道诸侯会盟，诸侯王定期会参加聚会，但是不允许秦参加，不带秦国玩。"诸侯卑秦"就是诸侯各国都看不起秦国，这个思想在当时一定程度上反映了秦国文化的落后。

结尾

但是我们今天换个角度看，这也就说明秦国人当时没有东方诸侯国的传承久远的文化负担，这才是后来为什么秦国的商鞅变法进行得相对来说比较彻底的原因之一。

（背景音乐渐出）

案例解析

本期《寻秦记》通过探讨秦人的起源，揭示了秦文化的独特性及其与少数民族的深厚渊源。节目开篇以对话形式引入，通过主持人与嘉宾的互动，听众快速进入了情境。节目提及兵马俑的壮观，引发听众对秦朝的想象，而"如果穿越到秦国刚刚建立时会很惨"这一戏谑设问，则自然过渡至秦人早期的困境。这种轻松的互动增强了节目的趣味性，也为后续的严谨考据奠定了基础。

节目采用历史讲述与学术分析结合的方式，以"秦人先祖究竟源自何方"为核心问题，层层递进，既通过史书记载分析秦人的起源，又结合学术研究探讨秦人与少数民族的关系，使内容兼具权威性与可听性。主持人借助《秦本纪》中的神话传说，引出秦人可能源自东夷的观点，再以学者蒙文通的研究补充戎族说，构建了多维度的讨论框架，使听众能从不同角度理解秦人的发展历程。

节目兼具学术性与通俗性的语言表现力。主持人在讲述时频繁使用"我们知道""大家知道"等引导性表达，使内容条理清晰，同时增强了与听众的互动感。此外，他巧妙地将复杂的历史事件拆解成易于理解的叙述，例如"六国卑秦，不与之盟"不仅揭示了秦国当时的处境，也间接说明了周王朝内部的文化观念。节目还利用音效，如穿越音效、琵琶弹奏、翻书声等，增强历史氛围，使听众在听觉层面更具沉浸感。

在结构设计上，节目由浅入深，从"秦人养马的传说"展开，逐步引导听众理解秦人与少数民族的互动，最终归结到秦国变法的必要性。这种铺陈方式不仅让听众了解了秦人的历史背景，还自然引出了秦国为何能够迅速崛起的问题，为后续节目埋下伏笔。整体而言，《寻秦记》以深入的历史解读、层层递进的逻辑、通俗易懂的语言，让听众在轻松愉悦的氛围中收获知识。

训练材料

《十分钟美学漫步》

1. 观众定位

本节目针对热爱中国传统文化、渴望深入了解中国美学精髓的广大听众，包括但不限于艺术专业学生、文化学者、设计师、历史爱好者以及追求生活品质的普通民众。我们希望通过这档节目，为听众打开一扇窗，让他们在短时间内领略到中国美学的博大精深，感受那份跨越千年的文化韵味与美学追求。

2. 节目时长

10 分钟。

3. 节目内容

以一段悠扬的古筝或古琴曲作为开场，营造出浓厚的中国古典文化氛围，引导听众进入美学探索的旅程。随后，主持人以温婉的声音简述本期节目的主题，选取具有代表性的中国艺术作品进行赏析，通过详细解读作品的构图、色彩、线条等艺术元素，深入浅出地揭示其背后的美学思想与文化寓意。探讨如何将中国美学理念融入现代生活，如家居装饰、服饰搭配、生活方式等，让听众感受到美学不仅存在于艺术殿堂，更与日常生活息息相关。

4. 节目风格

语言温婉、流畅，内容富有诗意与哲理，能够准确传达中国美学的精髓与韵味。同时，注重口语化表达，确保听众易于理解和接受。精心挑选与节目内容相契合的音乐、音效，如古筝、古琴曲、自然声效等，营造出浓厚的中国古典文化氛围，增强节目的感染力和沉浸感。

在传递中国美学知识的同时，注重节目的趣味性和可听性，通过故事讲述、幽默比喻等方式，使节目内容更加生动有趣，吸引听众持续关注和收听。

案例 4　《味蕾江湖——螺蛳粉》①

本期节目聚焦广西特色美食——螺蛳粉。螺蛳粉是广西米粉中极具代表性的一种，因独特气味"臭名远扬"。螺蛳粉与柳宗元渊源颇深，被贬柳州的柳宗元食用螺蛳汤改善身体状况，这一美食也因此流传开来。如今，螺蛳粉已成为柳州城市名片，产值超百亿，制作技艺入选国家级非物质文化遗产，承载着广西人的家乡情。

节目时长约 8 分钟。节目以生动的故事串联，例如从广西米粉的广泛分布、螺蛳粉的"臭名远扬"，到其与柳宗元的渊源，以及如今的发展成就，如同讲述一个个引人入胜的传奇，让听众沉浸其中。

---

① 原创节目。制作人：四川师范大学影视与传媒学院叶屿霏；指导老师：肖莹、韩幸霖。

节目内容

味蕾江湖——螺蛳粉

逻辑分析

开场引入：通过描绘广西的自然景观和人文氛围，引入螺蛳粉这一主题，采用对话形式增加互动性和听众的兴趣。

文化和历史背景介绍：详细讲述螺蛳粉的起源、制作方法和在广西饮食文化中的地位，使用方言和地方音乐增强地域特色。

文化意义和情感价值探讨：通过柳宗元等历史人物的故事，探讨螺蛳粉对当地人的情感意义和其作为非物质文化遗产的重要性。

结尾总结：强调螺蛳粉不仅是一种食品，更是广西人情感与记忆的象征，通过食物与家乡的联系触动听众的情感。

案例解析

《味蕾江湖——螺蛳粉》将美食与文化叙事相结合，使一碗广西街头常见的螺蛳粉在声音的表达中得到立体、鲜活的呈现。节目以轻快明朗的节奏开篇，主持人自称"味蕾大侦探"，带领听众进入美食探索的旅程，使节目不只是知识传播，更充满了互动性和探秘感。民族特色音乐、市场的嘈杂声、米粉店点餐的广西方言，构建了真实可感的地方风貌，使听众仿佛身临其境，沉浸在广西街头的烟火气息之中。

整个节目采用故事化叙事的方式推进，美食不再只是味觉的体验，而是承载着历史文化、地域特征和情感记忆。节目从广西米粉的广泛流行切入，以日常生活的饮食习惯引发共鸣："广西人可以不吃饭，但绝对不能不嗦粉！"随即引出螺蛳粉的独特性，通过《舌尖上的中国》的解说音频巧妙衔接，让"鼻腔的灾难，味蕾的享受"这句话成为全篇铺垫的核心矛盾，激发听众的好奇心——为何这碗"臭名远扬"的粉能俘获如此多人的味蕾？

节目在语言表达上充满趣味性和层次感，以"探案"的方式逐步揭开螺蛳粉臭味的秘密，先提出疑问："这散发臭味的罪魁祸首是谁？"再通过氨基酸转化的科普知识揭晓"粪臭素"的存在，使科学知识在轻松幽默的表达中被听众自然吸收。紧接着，节目进一步将螺蛳粉的历史渊源与柳宗元联系起来，使文化背景更加厚重。柳宗元被贬柳州、厨子偶然间的创意、螺蛳汤的推广，这段历史叙述不仅增加了螺蛳粉的文化附加值，也让节目充满文学气息。通过原音复现的方式，节目让历史人物"发声"，增强叙述的真实感，同时提升听众对文化细节的认知。

节目后半部分进入现代发展层面，通过数据与案例增强内容的可信度。螺蛳粉从地方小吃发展成百亿产业，再到成为国家级非物质文化遗产，节目用"从街头走向世界"的逻辑串联，展现其背后的文化价值。同时，节目将螺蛳粉与乡愁紧密结合，点出"家在千里，味在这里"的主题，使情感表达达到高潮。米粉店是游子与故乡的连接，一碗米粉不仅是味觉体验，更是一种精神慰藉。最后一句"你带不走故乡，但你会永远带着记忆里的味道奔向远方"，将听众的思绪拉回个人情感层面，使整个节目的文化表达从知识传播回归到情感共鸣，让听众在了解美食的同时，也深刻感受到螺蛳粉背后的家国情怀。

在创作思路上，节目巧妙结合地方风情、历史文化、科学原理和情感共鸣，使一碗螺蛳粉成为横跨古今、融汇科普与文化、承载地方记忆的媒介。无论是充满烟火气的市场场景，还是柳宗元的历史记载，抑或是现代产业化的数据支撑，每一层叙述都环环相扣，既满足了知识传播的严谨性，又充满趣味性与故事感，最终让这碗粉在听众心中留下独特的印记。

训练材料

《香味四溢》

1. 观众定位

面向 15～40 岁对美食文化、地方特色有兴趣，热爱探索各地风味，追求真实生活体验与情感共鸣的群体。这类人乐于通过美食了解不同地域的文化与生活方式，对具有故事性和趣味性的美食内容接受度高。

2. 节目时长

10 分钟。

3. 节目内容

探寻各地的特色风味，讲述美食背后的故事，让听众在声音的陪伴下"闻"到食物的香气，"品"到文化的韵味。每期节目聚焦一道经典美食、一种独特食材或一个地方风味，通过深入浅出的讲述，引领听众在味蕾之外感受美食的历史、文化与情感记忆。

4. 节目风格

语言生动活泼、接地气，在讲述故事和介绍制作工艺时，运用贴近生活的表述。主持人声音热情、富有感染力，在讲述故事时声音富有情感变化，能生动展现人物的情绪；介绍制作工艺和文化特色时，声音清晰、专注，突出重点内容。

第六章　情感音频节目创作分析与实训

情感音频节目以情感交流、心理疏导和心灵慰藉为核心目的，通过声音传递温度，建立起与听众之间的深层次情感连接。在当代传播环境下，情感音频节目不仅需要注重语言塑造与情绪共鸣，还要兼顾文本创作的审美价值和主持人的语言表达技巧，以提高节目的人文关怀度和感染力。

一、情感音频节目的语言塑造与情绪共鸣

情感音频节目的语言塑造需要兼具温暖、细腻与富有感染力的特质，旨在营造安全、舒适的收听体验，使听众能够从中获得情感慰藉和心理支持。相较于新闻音频节目的理性、客观和直接，情感音频节目更强调表达的柔和性和共鸣感，以增强听众的代入感和情感认同。

语言塑造过程中，情感音频节目主持人通常采用叙述式、对话式、共情式的表达方式。其中，叙述式表达适用于分享真实故事或社会案例，增强听众的情感体验；对话式表达则强调互动性，营造亲近感，使听众感受到"被倾听"的心理满足；共情式表达则要求主持人深入理解听众情绪，通过语言的细腻处理，引导听众进行情绪释放和心理调适。因此，情感音频节目主持人语言中的情感色彩较其他类型的音频节目来说更为浓厚。

此外，声音的塑造对于情感音频节目至关重要，主持人需注意音调、语速、停顿与节奏的搭配。例如，在诉说温暖故事时，适当放慢语速，采用低沉柔和的音调，这样更容易引发听众共鸣；在解读听众情感困惑时，则可运用间歇性的停顿，给予听众思考空间，增强交流的沉浸感。

二、情感音频节目文本的创作审美取向

情感音频节目文本不仅仅是情感宣泄，更需要具备一定的审美价值，以达到情感与艺术的统一。优质的情感音频节目在内容选择上往往聚焦于人与人之间的情感关系，如亲情、爱情、友情等，并通过精心构建的文本结构，展现情感的复杂性和真实性。

在文本创作中，审美取向主要体现在叙事性、诗意性和心理抚慰性三个方面。首先，叙事性强调故事的完整性和情节的层次感，通过讲述具体的案例或听众投稿，营造真实感，使听众能够从他人的经历中获得启发和慰藉。其次，诗意性体现在语言的文艺化表达上，如运用象征、隐喻、排比等修辞手法，以增强文本的情感深度，使节目内容更加耐人寻味。最后，心理抚慰性要求文本具有一定的正向引导作用，避免过度渲染负面情绪，而是通过理性分析与感性表达相结合的方式，为听众提供心理支持。

此外，文本创作还需注意留白艺术方法的运用，即在表达情感的过程中，不必直接诉诸结论，而是留给听众一定的想象和思考空间。这种开放式的文本处理方式能够更好地激发听众的情感共鸣，使节目在心理层面实现更深远的影响。

三、情感音频节目主持语言表达技巧

情感音频节目主持人的语言表达技巧影响着节目氛围的塑造和听众的收听体验。与新闻音频节目的理性逻辑表达不同，情感音频节目的主持人更需具备良好的语音控制、亲和力和倾听反馈技巧等多方面能力。

首先，情感音频节目需要主持人具备良好的语音控制能力，包括音调的高低变化、语速的快慢调节以及停顿的节奏感，以适应不同的情感场景。例如，在讲述感人故事时，适当拉长尾音、降低音调，可以增强氛围的感染力；在回应听众困惑时，则需通过温和而坚定的语气给予心理支持。

其次，语言的亲和力决定了主持人与听众之间的情感联结度。情感音频节目主持人应善于使用口语化表达，避免过度正式或生硬的语言，而是采用贴近日常对话的语句，使听众在心理上产生熟悉感。例如，使用"我能理解你的感受""你并不孤单，我们都在"等鼓励性表达，让听众感受到陪伴与支持。

最后，倾听反馈技巧是情感音频节目主持人的核心能力之一。相较于单向

的信息传递，情感音频节目更强调互动性和共鸣感。主持人在回应听众来信或现场互动时，应展现出同理心，通过复述、总结、提问等方式增强交流效果。例如，在倾听听众的情感诉求后，主持人可以先用简短的总结听众的核心诉求，并给予适当的建议或鼓励，以此传递理解和支持。

四、情感音频节目案例解析与实训

案例 1 《天真不天真》

《天真不天真》是一档深度探讨社会现象与思维方式的播客节目。其听众基础广泛，涵盖了对生活中各类现象有思考需求、渴望突破常规思维的人群。目前节目播放量已达百万次。主持人是著名经纪人杨天真，她具有敏锐的洞察力和较强的引导能力，能以深入浅出的方式，引导听众重新审视那些习以为常的俗语和社会共识，在尊重多元观点的基础上进行深入思考。

节目时长约 70 分钟，更新频率为每日一更。节目打破固有思维，鼓励听众突破社会共识的束缚，重新解读常见俗语。通过对俗语背后意义的剖析，引导听众在尊重自己想法的同时，包容他人的观点差异，进而提升独立思考能力，更好地应对生活中的挑战，在成长过程中找到自己的方向。下面以其中一期节目为例：

节目内容

谁说这些话我们就该信啦？通过反驳建立独立思考[①]

开头

主持人： 他什么都懂，却还那么天真。Hello，大家好，我是杨天真，欢迎来到我的播客《天真不天真》。

正文

本期我想跟大家聊一个观点叫作"社会共识不一定是一个正确认知"。（本期话题）什么叫社会共识呢？就是我们通常说的俗语。比如说"一个

---

① 参见喜马拉雅平台，《天真不天真》2024 年 12 月 17 日节目，内容有改动。

人多大年龄就该干多大的事儿"，"失败是成功之母"，"宁为玉碎，不为瓦全"，等等。很多话在一定的历史时期或者在特殊的语境下是成立的，在那个特殊场景下都没问题，但是这种话不能成为绝对正确，在当今、此时此刻也被奉为一种正确理念的东西。

（先提问＋后回答）我为什么总是要去强调"社会共识"这个词？我在成长过程中发现周遭很多朋友，会有一些共性。这个共性往往是因为被这些社会共识束缚。比如说我们大谈的两性之间的冲突问题，我们会觉得女性应该温柔、柔软，男性应该坚强，"男儿有泪不轻弹"，等等。我觉得这些俗语会给人一些性格和行为上的强制性要求。比如一个男生如果哭哭啼啼或者感情用事，大家会认为太脆弱，男性就应该更坚强。那一个女性如果过于刚强，大家会叫她男人婆或者女强人，觉得她好像不应该那么硬朗，应该更柔和一些。

（论点1）世界上有一些俗语，它本身就是自相矛盾的东西。比如有的人说"好马不吃回头草"，有的人又说"浪子回头金不换"；有的人说这个"兔子不吃窝边草"，又有人说"近水楼台先得月"；有人说"宰相肚里能撑船"，也有人说"有仇不报非君子"。这些都是俗语，它有的时候只是我们用来吵架或者论证自己观点的一个工具而已。它本身的正确与否，本身的价值几何，我觉得是非常值得讨论的。所以我今天想讲的这些对俗语的反驳，本身是想讲我们要有一个独立思考的能力，我们不要被这些所谓的社会共识给自己定了一个标准，"这样就是对"，或者"只有这样才是对"。

（分论点1）我想反驳的第一个俗语叫作"失败是成功之母"。其实这句话的原意是说：人不要害怕失败。你失败之后，你从中吸取总结教训，然后下一次就有机会获得成功。其本意谈的是人的成长，但这句话，我觉得被现在很多人用来安慰"失败就是没关系的""失败是成功之母"，仿佛这次失败之后，下次必然会成功。它更背后的意思就是一种深层次的苦难教育，仿佛你这个人必须得受过罪、吃过苦，你才能拥有成功。

（分论点1－论据1－拉近观众距离）我拿我自身举例，我很少失败，我觉得我的成功不是由于我失败了很多次，而是我总结了经验教训得来的。我的成功是由于我找到了怎么成功的方式。失败可能是其中的一种积累经验的方式，而人不是一定要经历失败才能走向成功，也不是一定要经历苦难才能享受幸福。尤其是在我们的教育过程中，很多人喜欢进行挫折教育，甚至故意创造创伤给一些在成长中的人，甚至小孩，是为了让他不骄傲，是为了让他可以安然地享受成功。面对失败的时候，我们有一颗安定的心，不因为本次的失败断定我这个人不行，这是一种好的心态。

（论证分论点 1）如果你这次做一个事情失败了，该做的事情是复盘。我为什么失败？我的目标是什么？我在定目标的时候有没有定我的执行方案？我的执行方案都做到了，是我的策略有问题，还是我的执行方案没做到，或是我的执行有问题？

（分论点 1－论据 2）我们通常做一个事情想要成功，肯定是先有目标。怎么样叫成功的一个目标？详细地定出来。定完目标之后其实就是打法，我通过做到哪几件事情可以做成这件事情。所以其实你要验证的就这两个东西。

（论证分论点 1－论据 2－观点 1）第一是不是我的目标定错了，我的这个事情、这个阶段的目标可能过高或者过低。第二个是我的路径是不是正确，我选择的这几条路是不是到达这个成功的方法。比如说我要上山，我可以步行，可以坐这种溜溜杆，可以坐缆车，我也许还可以骑行，还可以坐汽车上去，那我可能有五条路可以走。我要根据我的预算，根据我的时间，根据我想体验的东西，选择一个适合我的方式。

有的人可能选择了一个对的体验方式，比如说他想骑行上去，但他发现他目标定错了，他导航的终点错了，所以他骑的过程可能挺开心，最后他发现他去错山头了。有的人目标定对了，他也想骑行过去，但他忽略了骑行上山的路特别难走，比步行还难，所以他最后走上去，他还得推着自行车上去，可能方向没错，但他选的方式错了。所以其实我们来判定一个事情怎么成功，是找正确的目标，锁定你在这个阶段的准确目标。

（论证分论点 1－论据 2－观点 2、3）第二是推导出到达那个目标的路径。第三就是执行，你真的把它完成了。我们在检验失败的时候，其实也是检验这三个环节目标是否正确，路径是否正确，执行是否到位。所以其实你把这个过程做完了，这件事情就结束了。不管成功或失败，你都可以检验出这个东西。

我们通常在总结一个事情的时候，擅长的思路是去看我已经做了什么，做错了什么。但其实我们可以再增加一个角度，如果我多做了哪件事情，这个事情的结果会变更好。这个不是说为了强求你要达到一个更好的结果，而是在训练我们的思考逻辑，还有多一层的思考维度，这是一个小的训练技巧。当你这么去思考问题的时候，你会发现，其实我还是有其他的路径，或者再多做一点点什么，这个事情的结果可能会不一样的。我觉得失败就是失败，失败后咱们总结经验就好了。总结完了之后，这个事情就变成了你的能力，这个经历就变成了一种有效经历。我们大多数人老是在同一个问题上犯错，不管是谈恋爱还是工作，他不总结，他不复盘，这个经历就变成了一种白白浪费的经历。

我有的时候跟人吵架或者发生冲突的时候，或者我做了一件挺沮丧的事情的时候，我是不难过的。只要我从这个失败的经历里总结出一些我的得到，那我觉得这就是一个有价值的经历。比如说我今天直播卖货卖得不好，找不到卖得不好的原因，我就会很沮丧。我就会觉得，我白播了几个小时，货也没卖好，也不知道为什么没卖好。如果我能总结出个一二三，便于我下次调整，那我就会觉得这个失败也没关系，因为我获得了，我得到了，我带走了东西。

（论点 1—解决方案总结）所以当你带着一个及时复盘与总结的心理去面对失败，其实你不会慌张，甚至你还会有那么一丝丝的兴奋感。你会觉得这只是我体验的一个环节，在这个环节中我得到我要的东西了。你带着这要的东西下一步会走向成功吗？不一定的，但是没关系，你的能力提升了，最终你把一个失败的过程扭转成为你的得到，这是一个比较有价值的过程。

（分论点 2）我们现在还有另外一句相对的俗语，叫作"世上无难事，只要肯放弃"。很多人也都听过这句话。我觉得很武断，世上怎么可能无难事呢？世上有的是难事，世界上有太多可太难的事儿了。我认为它会带来两个负面影响。（分论点 2—观点 1）第一个负面影响是，你会害怕自己在感受到方向不正确的时候，选择了及时止损，而被人认为是一个懦弱的人，从而不敢喊停。（分论点 2—观点 2）第二个是你会认为我现在没有成功，是因为我努力得不够，只要我持续努力就一定会成功。

（分论点 2—论据 1）首先我们每个人的能力一定是有优劣势的。我有些朋友，他可能是学霸，但他小孩学习成绩又不怎么样。他并没有勉强自己的孩子去成为一个必须像他一样学习成绩很好的人。刚开始，孩子其他的兴趣爱好，比如说我朋友孩子打网球就特厉害，但学习成绩门门功课都班上倒数。他如果觉得我学习成绩这么好，一定能把孩子培养成一个学习成绩非常好的人，那这个小孩会痛苦，他也痛苦。但是他发现了小孩打网球的能力或者天分之后，就迅速去培养孩子在这方面的优势。然后小朋友就成了一个能找到自己优势、很有自信心的人。当他有自信心的时候，反而他的学习成绩也在进步了，所以就形成了一个正向循环。可能每个人在找到自己擅长干什么这个事情上得多花点时间。

（递进—补充分论点2—论据1）我经常会被问到一个问题，怎么能发现自己的优势？一个最简单的方法就是你把你过去曾经做过的事情，成功的、失败的，拉出来一下，大概率做成功的事情都是因为什么，那个就是你的能力长板。做失败的事情都是因为什么，就是你的能力短板。你把你的能力长板跟短板搞清楚之后，就会知道你的优势是什么。你用你的优势去匹配相应的工作和机会，回避你的劣势。

举例而言，我是一个创造力非常强的人，我特别有想法，总是能够果断地做出决定。我也不怕做错决定，因为不做决定带来的内耗与做错决定带来的后果相比，我更愿意承担后果，而不喜欢被内耗。这是我这个人的性格特质。所以我今天的工作就非常适合，是做输出、做内容，然后做营销、做市场。因为我喜欢创造，我不喜欢重复。你让我去做一些需要耐心，持续不断在单点上反复重复才能获得成功的工作，我觉得很不合适。

············

结尾

（抒情总结）

人的很多痛苦都来自自己的想要与社会共识之间的冲突，自己的真实感受、自己的真情真意和别人对自己的要求之间的冲突，大多数痛苦来自于此。你扪心自问一下，你真正经历过的痛苦时刻，你的纠结、你的苦恼，其实本质就是这么回事，所以一个人能充分允许自己跟自己的真实感受欲望连接，能排掉外部的声音对自己的干扰之后，就会拥有一种力量。这个力量就是来自真实，来自他允许自己这样做。而只有真正经历了我说的这个过程的人才会明白这是一种什么样的力量。这种力量会让你拥有幸福感、满足感和快乐感，让你有勇气做所有的决定，对抗那些你并不喜欢的事情；让你在寻求爱的时候大胆投入，在告别关系的时候毅然决然。这种力量会让你成为一个真正独立的人。

所以我讲了这么多俗语、这么多观点，本质是我希望每一个人能够有能力去保护自己的能量，让自己成长为一个与真实连接的，掌控自己人生方向的人，成为一个"我可以决定我什么时候谈恋爱，什么时候结婚，生不生孩子，什么时候生孩子，甚至什么时候与这个世界告别"的人。这是一种人的美好方向。我可能在未来漫长的道路上会源源不断地希望能够给到他人去获得自己这种独立的向上生长的能量。我希望我成为这样一个能量的来源。我也希望我自己在不断的经历过程中浇灌自己，让我变得更加茁壮，可以有更好的表达方式和认知来把这件事情讲得更清楚。

好，今天就先聊到这里。

案例解析

《天真不天真》是一档专注于挑战和重新思考社会常识与个人信仰的播客节目，由著名经纪人杨天真主持。此节目的核心宗旨是解构那些根深蒂固的社会信念，通过具有启发性的对话和讨论，促进听众独立思考。杨天真以其独特的亲和力和深入浅出的讲解方式，成功吸引了一大批寻求心灵成长和思维突破的听众。

节目的风格结合了深度剖析与轻松交流，使得复杂的主题变得更加易于消化和接受。在每期节目中，杨天真会选取一些广为流传但往往未经批判的社会俗语，例如"失败是成功之母"或"宁为玉碎，不为瓦全"，并通过故事讲述、历史背景介绍以及现代情境的应用，揭示这些俗语背后的深层含义和潜在问题。她经常使用问答的形式来刺激听众思考，挑战他们接受已久的观点，从而引发情感共鸣和思想共振。

《天真不天真》在内容上巧妙地结合了教育和娱乐元素，每期节目都围绕一个中心主题展开，如对某个具体俗语的探讨，深入挖掘其背后的文化和心理根源。语言表达方面，杨天真采用的是既严肃又不失轻松的对话方式，使得节目既具备理性探讨的深度，又不乏日常交流的亲切感。此外，她还经常引入个人经历或当代事件作为例证，使讨论更具现实意义。

综合来看，《天真不天真》不仅仅是一档情感音频节目，更是一段心灵的对话和自我认知的探索之旅。通过对常被接受但少被质疑的社会共识的深入剖析，节目鼓励听众跳出思维定式，培养独立思考的习惯，最终在个人成长的道路上找到自己的独特之处。

训练材料

《心灵树洞》

1. 观众定位

18~22岁青年群体。这个阶段的人群正处于自我认知构建、价值观形成的关键时期，在生活、学习、社交等方面面临诸多困惑，渴望突破传统观念的束缚，追求个性与自由，对探讨人生、情感、成长的话题充满兴趣，需要在情感上得到共鸣与指引。

2. 节目时长

10分钟。

3. 节目内容

引出"心灵树洞"的概念，鼓励听众分享内心的困惑，并予以解答。

4. 节目风格

语言风格亲切自然、真诚温暖，像和朋友聊天一样分享故事和观点，多使用口语化表达，主持人声音要富有亲和力和感染力，在讲述故事时能生动展现人物的情感变化，引导听众产生共鸣；在表达观点时，声音要坚定有力，给人以启发。音效上，添加校园环境音、街头涂鸦的声音等，增强故事的真实感和场景感；在讨论观点时，加入一些轻松的背景音乐，营造舒适的氛围。

案例2 《程一电台｜夜晚的声音会发光》

《程一电台｜夜晚的声音会发光》在喜马拉雅平台的情感生活方向榜单中排名靠前，节目时长约12分钟，更新频率为每日一更。《程一电台｜夜晚的声音会发光》是一档以情感为核心的网络电台节目，由知名情感主播程一创办并主持。

节目自2014年5月开播以来，凭借温暖、治愈、正能量的内容风格，深受听众喜爱。节目内容主要包括睡前陪伴故事、情感治愈、心灵疗愈等，旨在通过声音的力量，为听众带来温暖和安慰，陪伴他们度过每一个夜晚。下面以其中一期节目为例：

▎节目内容

我追到了更好的自己①

开头

（背景音乐渐入：纯音乐）

主持人： 朋友说，当他的暗恋对象没有回应他的示好信号，对他明里暗里表达出的好感既不点头也不摇头的时候，他开始反思自己。反思自己是不是做得还不够多，表现得还不够明显，是不是应该更主动、更积极一点，这样才能流露出"他是真的很喜欢她"这层意思。他做了力所能及的一切，效果依旧不太满意。他约她去吃饭，她说没什么想吃的；他约她去逛公园，她说周末想休息；他说那他去看看她吧，顺便给她带点吃的，她说不用麻烦了，她可能要出门，不在家。她照常回复他消息，有时候像是心情好，就多说一些；有时候像是心情欠佳，就好几个小时都不见人影。每次分享出去的事情得不到回应时，朋友就删掉那些聊天记录，紧接着自我反省，这样是不是太上赶着、太没面子了，同时也太尴尬了，自己明明是个很酷的人，怎么能为了一个对自己模棱两可的人而如此自弃尊严

———————————

① 参见喜马拉雅平台，《程一电台｜夜晚的声音会发光》2024年7月23日节目，内容有改动。

与骄傲呢？他决定换一种策略，不追着她跑了，让她反过来追自己，让她像现在的他这样使出浑身解数，只为跟对方多说几句话，多产生几个罕见的瞬间的同频。我问他准备怎么做，他摇摇头说：什么都不用做。他确实什么都没做，就只是把之前放在对方那里的时间和精力都转移回自己身上，正常过自己的生活、工作、社交，认真对待每一天，并尽量让自己开心。

正文

回归生活后，他发现，让自己开心比让别人开心要容易得多，了解自己也比了解别人更有趣，讨好自己也比迎合别人更有成就感。当他把自己放在第一位，努力让自己发光时，不仅挖掘出了自己身上好多隐藏的闪光点，也在擦拭和打磨这些优点的忙碌中渐渐暗淡了喜欢的人的光芒。也许终有一天他会知道，其实很多时候，我们在喜欢的人那里看到的光环，察觉到了对方的好，都不过是从我们眼中折射出去的，由欣赏和仰慕交杂在一起制造出来的光晕，她最大的魅力源自你对她的着迷。

另一个朋友之前就很想出国旅游，她经常跟我说，等她表白成功，正式恋爱之后，要和男朋友一起去。她甚至都想好了他们要去哪个国家、怎么去、待多久、做什么、几时回来。男生一直没时间，别说和她出国了，就连回她消息、周末出门和她见面、跟她吃顿饭、说几句话的工夫都没有，所以她只好自己去了。她一个人在国外待了半个月，每天都要到自己喜欢的地方。在慕名已久的景区海边，她独自坐了一天，望着眼前漫无边际的海平面，她忽然觉得一个人的旅程也挺浪漫的。向内寻求和探索满足感远比向外伸手、对着别人索取，要简单、轻松得多。

年轻的时候，我们都会陷入一个误区，认为付出越多就越容易感动别人，也越能获得对方的喜欢，博得对方的心。于是我们一味给予，给予，再给予，倾尽全力拿出自己最好的东西，像献宝似的一一双手奉上。却不知道是哪个环节出了错，奉献得越多，给予得越殷勤，对方反而越反感和鄙夷，越无动于衷。我们追着她跑，以为用力加速就能和她保持平行，可她也在拼命往前跑，始终有意和我们保持距离，都不回头看一眼落在后面的人。

直到多年后，受够了冷漠，忍够了委屈，尝够了失望，跑累了才恍然醒悟。当你喜欢一个人，非常喜欢，却做什么都不对，都不能讨好她的时候，你其实就该停下来，调转方向，回头走自己的路了。当你爬上顶峰，站在高山之巅，熠熠生辉时，山脚下、半山腰便会有的是可以看见你的人，他们被你的光芒吸引，追随你，一步步攀升，这时候，仰视你，为你鼓掌欢呼的人群里，有她没她，已经无关紧要了。一朵花的凋零，荒芜不了整个春天，你就是春天，山花烂漫，生机勃勃的春天。我知道，朋友肯定没那么容易就放得下这个人，但也清楚现在的他无暇顾及这点爱爱恨恨的情感纠葛。他现在恐怕比对方还忙，忙着出差，忙着旅行，忙着陪伴家人和朋友，忙着运动、插花、学习新语言，忙着充实和丰富自己。

结尾

有一回闲聊时，我打趣他，说："你之前不是说让那个谁反过来追你吗？怎么着，她追了吗？"他大笑着说："并没有，她没追我，但我真的换策略了呀。只不过这策略的重点不再是她，而是我自己。"他说，他当时想的是，既然对她好，她不领情，那就倒过来对自己好，为自己付出算了。虽然事到如今，对方依旧对他不冷不热，但那又怎样，他自己变得更好了呀，好得不需要她也照样能光芒四射。或许吧，恋爱的最终目的不是要把某个人追到手，而是在追爱的途中把自己变得更温柔、更丰盈、更通透，即使没有那个人，你也能独自面对生活，面对世界，面对所有的黑暗，于风霜雨雪中挺拔盛放、灿烂。追不到爱情又怎样，我追到了更好的自己，这更值得高兴。

（音乐渐入渐出：《我们的纪念》）

逻辑分析

开头

背景设定：通过背景音乐和主持人的引入，快速营造出节目的氛围。

情感引入：通过叙述一个具体的故事，即朋友对喜欢的人无回应的反思和努力，设定情感基调和节目的情感方向。

问题提出：描述主人公对自己行为的反省和转变，提出"他是真的很喜欢她"这一核心话题，引领听众进入主题。

正文

情感发展：主人公从过度追求他人的认可到关注自我成长的转变。这一部分详细描述了主人公如何从对方的冷淡态度中挣脱出来，开始专注于自己的生活和成长。

核心论点：主人公通过自我改变和成长，逐渐发现自我价值，理解到真正的成长来自自我实现而不是他人的认可。

情感高潮：描述另一位主人公独自旅行的经历，通过对比之前依赖他人的状态，展示他独立自主的成长和对生活的新认识。

结尾

情感总结：主持人通过对话的形式，总结了主人公的情感历程和成长，点明了节目的主旨——自我成长和独立。

哲理提炼：强调不必过度追求他人的认可，真正的成长和快乐来自积极看待和处理自己的生活。

情感连接：通过背景音乐的再次引入，将情感主题与听众的情感体验相连接，增强节目的共鸣和感染力。

案例解析

《程一电台｜夜晚的声音会发光》以温暖治愈的风格，构建出夜晚的情感避风港。主持人的声音低沉温柔，配合舒缓的背景音乐，使节目极具陪伴感，满足了夜晚情绪低落、需要安慰的听众群体。节目内容主要围绕情感治愈、人生成长，借助真实或半虚构的故事，传递正能量，引导听众从痛苦中寻找自我成长的路径。这种"故事＋思考"的叙述模式，使听众不仅获得情感共鸣，还能在其中找到解决现实问题的方法。

节目采用"问题—反思—成长"的创作逻辑展开内容。先以一个熟悉的情感困境——"单向奔赴的爱情"切入，引导听众共鸣；随后，通过故事主人公的经历，逐步呈现心理变化的过程，让听众在潜移默化中接受"自我成长比讨好别人更重要"的理念。这种叙述方式不仅增强了代入感，还让节目具有一定的哲学思辨性，使其更具层次感。

在观众痛点的挖掘上，节目精准捕捉了现代年轻人在感情中的困惑：付出得不到回应、在关系中迷失自我、渴望被重视却换来冷漠。这些情感体验是许多人的共鸣点，因此节目通过"换策略"这一核心思路，提出了解决方案——回归自我、关注个人成长，使听众不仅感同身受，还能获得行动指南。

此外，节目采用细腻且富有感染力的叙述风格。主持人用温柔的语气讲述故事，并运用大量富有画面感的描述，如"当你爬上顶峰，站在高山之巅，熠熠生辉时""一朵花的凋零，荒芜不了整个春天"，这些句子不仅增强了听觉上的美感，还强化了节目整体的情感氛围。此外，节目语言通俗易懂，没有刻意拔高或煽情，而是通过自然的表达让听众在情感流动中获得慰藉。

沟通技巧方面，主持人擅长使用共情式表达，如"年轻的时候，我们都会陷入一个误区"中以"我们"代替"你"，让听众在无形中建立情感连接。主持人的语气温和、不评判、不强迫听众接受某种价值观，而是通过讲述故事，引导听众思考，给予他们心理上的自由。这种方式使得节目更具有治愈效果，也让听众更愿意长期收听。

训练材料

《心灵驿站》

1. 观众定位

本节目面向在情感世界中寻求慰藉、分享与成长的听众，特别是那些经历情感困惑、渴望心灵交流的成年人。无论是面对爱情、友情、亲情的挑战，还是个人成长的迷茫，都能在这里找到共鸣和支持。

2. 节目时长

15分钟。

3. 节目内容

选取听众投稿或真实示例，讲述一段段触动人心的情感故事，展现人性的光辉与脆弱。设置热线电话或社交媒体互动，鼓励听众分享自己的情感经历，主持人及嘉宾现场解答疑惑，营造温馨、包容的交流氛围。

4．节目风格

语言温暖、细腻，能够触动听众内心最柔软的部分。氛围轻松而不失深度，注重情感共鸣与引导。

第七章　少儿音频节目创作分析与实训

少儿音频节目作为广播媒介的重要组成部分，旨在通过有声语言的表达，向儿童传递知识、文化和娱乐内容。与其他音频节目类型不同，少儿音频节目在语言风格、文本创作、主持表达等方面具有独特性，要求创作者充分考虑听众的认知能力、兴趣偏好和审美需求，以实现寓教于乐的目标。

一、少儿音频节目的语言特色与受众适应性

少儿音频节目的语言以生动、直观、形象为主要特征，注重口语化表达，便于听众理解内容。由于儿童的认知尚处于发展阶段，他们对抽象概念的理解能力较弱，因此音频节目语言需尽量避免复杂的句式和晦涩的表达，强调直白、简练且富有节奏感的叙述方式。

此外，少儿音频节目应充分利用拟声词、叠词、韵律语言等手段，使语言表达更加富有童趣。例如，在故事类节目中，使用夸张的语音语调可以增强故事情境的代入感；而在科普类节目中，采用简洁、直白的比喻可帮助儿童更好地理解抽象知识。研究表明，符合儿童语言特点的音频节目表达方式能有效提高信息传递的效率，并增强节目对儿童受众的吸引力[①]。

二、少儿音频节目文本创作的趣味性与审美价值

少儿音频节目文本创作应兼顾趣味性和审美价值，使节目既具备教育意义，又能激发儿童的兴趣。首先，少儿音频节目应注重情节的戏剧性，通过设置悬念、冲突和角色对话等方式，使故事更具吸引力。例如，许多经典的少儿

---

① 李晓冰. 少儿广播的发展与未来［J］. 中国广播电视学刊，2004（10）：14—16.

音频节目在文本设计上都强调情节的曲折变化，以吸引听众的注意力。

其次，少儿音频节目文本的审美价值主要体现在语言的节奏感和艺术性上。儿童对语言的节奏和韵律极为敏感，因此文本创作时可以采用押韵、排比等修辞手法，以增强语言的韵律美。此外，在内容设计上，少儿音频节目应注重传递美育理念，如通过诗歌朗诵、民间故事等形式，引导儿童建立正确的审美观念，提高他们的审美素养。

三、少儿音频节目主持语言表达技巧

少儿音频节目主持人不仅是信息的传递者，更是节目的引导者，其语言表达直接影响着节目效果和受众体验。首先，少儿音频节目主持人的表达需具备亲和力，以轻松、温暖的语调拉近与听众的距离。研究表明，儿童对声音的感知敏感度较高，温柔而富有感染力的声音有助于提升节目吸引力。其次，少儿音频节目主持人需要具备良好的情感表达能力，能够通过声音塑造生动的人物形象。例如，在少儿故事类节目中，主持人可以通过改变语调、语速和音色来区分不同角色，使故事更加生动形象。在少儿科普类节目中，主持人则需要调整语气，使科普知识的讲解更加生动有趣，以增强听众的理解，加深记忆。

此外，少儿音频节目主持人的互动性表达至关重要。儿童天生好奇，喜欢提问和探索，因此主持人可以在节目中设置互动环节，如提出问题、邀请听众参与回答或鼓励他们讲述自己的故事，以提升听众的参与感和节目黏性。

总体而言，少儿音频节目创作不仅需要符合儿童的语言习惯，还要注重趣味性与审美价值的结合。同时，主持人在语言表达上需具备亲和力、情感感染力和互动性，以确保节目既富有教育意义，又能吸引儿童听众的关注，得到他们的喜爱。

四、少儿音频节目案例解析与实训

案例1　《十万个为什么》

《十万个为什么》是一档经典的少儿科普广播节目，拥有庞大的听众基础。它深受对世界充满好奇、渴望获取知识的儿童喜爱，同时也得到了家长和教育工作者的认可，家长期望借助节目满足孩子的求知欲，教育工作者也将其作为

科普教育的补充资源。

节目时长约 6 分钟，更新频率为每周一更。节目通过深入浅出的讲解，解答孩子们心中的疑惑，激发他们对科学知识的兴趣，培养科学思维和探索精神，帮助孩子更好地认识世界。下面以其中一期节目为例：

节目内容

人为什么要睡觉[1]

开头

第一集：人为什么要睡觉？认识世界，从问为什么开始，欢迎收听《十万个为什么》。

正文

小魏： 多多，多多。

多多： 我又睡着了啊。

小魏： 多多，你今天怎么老是打瞌睡？

多多： 嘿嘿，我帮妈妈做家务，比平时晚了半个小时睡觉。

万知哥哥： 看来，多多是个勤劳的孩子。

小魏： 想不到多多这么勤快，这一点值得学习。

多多： 万知哥哥，为什么人要睡觉？而且睡得少了，人还会无精打采的，就像我现在这样。

万知哥哥： 这几个问题，很简单，让我们进入美妙的梦中世界去寻找答案吧。你们知道吗？我们在睡觉的时候，躺在柔软的被子里甜甜地进入梦乡后，全身处于放松状态，对身体有很多好处。

多多： 睡觉有什么好处？

小魏： 这个问题我也想问，妈妈每次都说要睡个美容觉。万知哥哥，难道呼呼大睡也可以变美吗？

万知哥哥： 当然可以，睡眠有许多功能。我们一般认为睡眠能够缓

---

[1] 参见喜马拉雅平台，《十万个为什么｜少儿科普剧第三季》第 1 期"人为什么要睡觉"，内容有改动。

解疲劳、保护记忆、帮助身体排毒、提高免疫力，等等。动物们还通过睡眠来保证自身安全。

小魏：　哇哦，睡觉这一项活动能有这么多好处，难怪我每次醒来之后都活力满满，感觉恢复了能量。

多多：　现在我们都知道了睡觉有这么多好处，那不睡觉的好处有吗？毕竟每天都要睡觉，占用了太多的时间了。

小魏：　多多，你这是什么问题？就好像在问不吃饭的好处一样。

万知哥哥：　不睡觉，不仅可能对健康产生危害，甚至还是一种病。举个真实的例子，世界上有一种罕见的疾病叫致死性家族性失眠症。得了这种病的人会逐渐难以入睡，同时伴随着幻觉和过度恐惧的症状。

多多：　那完全失眠之后呢？

万知哥哥：　病人完全无法入睡后，体重会急剧下降，身体各个机能受损，严重影响身体健康。

小魏：　太可怕了，我今晚要睡好多好多个小时，要睡到太阳晒被子。

多多：　万知哥哥，我还听说国外有不睡觉比赛，参赛的人好几天都不睡觉，也能活蹦乱跳的，这是真的吗？

小魏：　不睡觉也有比赛吗？还真是稀奇古怪。

万知哥哥：　是的，美国举办过类似的比赛，参赛者成功挑战了最长时间不睡觉的吉尼斯世界纪录，他保持清醒超过 260 个小时，不过……

多多：　啊，这也太厉害了！

小魏：　万知哥哥还没说完呢，肯定后面出现了意外情况。

万知哥哥：　小魏，你猜得没错，参赛者在比赛过程中出现了身体不适，艰难赢得了比赛。后来吉尼斯组织基于健康因素取消了对这项比赛的支持。

多多：　熬夜这么伤身体，我爸爸也很喜欢熬夜，现在他的黑眼圈大大的，就像国宝大熊猫一样。

小魏：　看来我们在该睡觉的时候，就得好好睡觉。

多多：　那我们一天应该睡多少个小时？平时我睡 8 个小时，周末的时候我喜欢赖床，会睡 10 个小时。

万知哥哥：　回答这个问题之前，我想先问一下：你们认识爱迪生和爱因斯坦吗？

小魏：认识，爱迪生发明了电灯泡，爱因斯坦是全世界最伟大的物理学家之一。

多多：他们也喜欢睡觉吗？

万知哥哥：爱迪生每天最多睡 5 个小时，爱因斯坦每天要睡 10 个小时以上，这说明每个人的睡眠情况不同。研究表明，大多数人的睡眠时间为 6.5 到 8.5 小时，这是多数成年人比较健康的作息。少年儿童由于身体成长发育的需求，通常需要更长时间的睡眠。

小魏：哇哦，那我的作息非常健康。

万知哥哥：你们要根据实际的情况来调整自己的睡眠时长，保证充足的休息。如果一天下来都很疲惫，当天晚上可以提前入睡哦。

多多：原来如此，那我现在闭上眼睛，先睡一会，好好畅游梦乡。

小魏：多多，你眼睛在眼皮子底下动来动去，我都看到了。

多多：是谁在梦里说话，听着像小魏的声音。离我远点，我要睡觉觉了。

结尾

小魏：好，多多，我就不告诉你，你的小零食掉了。

多多：怎么不早提醒我呢？

万知哥哥：真是两个小活宝。

逻辑分析

开头

（1）以生活中孩子打瞌睡的场景切入，营造真实感。

（2）提出核心问题（"人为什么要睡觉？"），自然过渡到知识讲解。

正文

（1）提出问题（引起听众好奇）：

为什么人要睡觉？

睡觉有什么好处？

不睡觉会怎么样？

一天睡多久才合适？

（2）解答问题（逻辑推进）：

睡觉的好处（缓解疲劳、保护记忆、排毒、提高免疫力）。

举出反例说明不睡觉的坏处（致死性家族性失眠症）。

介绍趣味案例（美国的不睡觉比赛，增加趣味性）。

讨论睡眠时长与个体差异（爱迪生和爱因斯坦的睡眠习惯对比，体现科学性与个性化）。

结尾

以轻松、幽默的互动收尾，强调睡眠的重要性，点题（"该睡觉的时候就要睡觉"）。

案例解析

《十万个为什么》是一档经典少儿科普广播节目，凭借生动活泼的讲解风格和寓教于乐的内容设计，深受孩子们的喜爱。节目创作紧扣儿童心理特点，通过情景对话、角色互动和生活化比喻，让抽象的科学知识变得有趣易懂，同时培养孩子们的科学思维和探索精神。

在节目创作思路上，节目充分利用儿童的好奇心，以日常生活中的常见问题为切入点，如"人为什么要睡觉"，引导孩子们主动思考。节目内容设置不是直接回答问题，而是层层递进，从基础概念到深入探讨，从生理机能到社会现象，通过逻辑链条逐步拓展知识面。例如，节目先解释睡眠的好处，再讨论不睡觉的危害，最终引入实际案例，让孩子们理解充足睡眠的重要性。这种方式不仅满足了儿童的求知欲，还培养了他们的思维能力。

节目采用轻松幽默的对话形式，避免生硬的科普讲解。例如，小魏说"多多，你眼睛在眼皮子底下动来动去，我都看到了"，充满童趣，增添了幽默感，让结尾更加自然流畅。主持人万知哥哥以"哥哥"的身份出现，拉近了与孩子们的距离，使科普内容更具亲和力。此外，节目巧妙运用夸张表达，如"黑眼圈像大熊猫"，增强了趣味性，也让孩子们更容易记住核心知识点。

节目十分注重互动性与代入感，通过生活化的情景模拟，使儿童能够身临其境地参与讨论。多多和小魏的对话既像朋友间的聊天，又在潜移默化中传递科学知识。例如，当小魏半开玩笑地说"我今晚要睡好多好多个小时"，万知哥哥则趁机引出科学研究，讨论不同人的睡眠需求。这种寓教于乐的方式避免了枯燥的知识灌输，使孩子们在轻松氛围中接受科学概念。

此外，音效和音乐的运用也是节目的亮点之一。片头音乐轻快活泼，符合少儿音频节目特质，而在讲解过程中，节目适时加入梦境模拟、新闻播报等音效，使内容更加生动。例如，在讨论"致死性家族性失眠症"时，节目配以略显紧张的背景音乐，增强故事感染力，使孩子们对知识点印象深刻。

《十万个为什么》凭借生动的角色塑造、互动式讲解、幽默的风格和丰富的音效设计，让科学知识变得易懂有趣。节目不仅满足了孩子们的好奇心，也培养了他们的科学思维，使科普内容真正做到"既有趣又有料"，成为少儿科普广播中的标杆。

训练材料

《为什么天上会下雨》

1. **观众定位**

5~10岁儿童。

2. **节目时长**

4分钟。

3. **节目内容**

本期主题为《为什么天上会下雨》。小魏和多多在户外玩耍，突然下起了雨，他们疑惑为什么雨会从天上掉下来。万知哥哥耐心解释，雨水来自云朵，太阳把湖泊、河流中的水蒸发成看不见的水蒸气，水蒸气上升到空中变成小水滴，小水滴聚集形成云，当云变得越来越重时，水滴落下来，就形成了雨。节目结合故事情境和科学知识，解答孩子们的疑问，同时引导他们观察天气变化，培养科学思维。

4. **节目风格**

节目语言活泼有趣、通俗易懂，通过角色对话、拟人化的情景模拟（如云朵"挤水"）、丰富的音效（雷声、雨声、滴答声）以及轻松欢快的背景音乐，让孩子们在听故事的过程中轻松理解科学知识，激发探索精神。

案例 2　《超级名人传》

《超级名人传》这档少儿音频节目拥有广泛的听众基础，主要面向 4～10 岁的儿童及其家长。儿童正处于对世界充满好奇、渴望获取知识的成长阶段，家长希望通过优质的广播内容助力孩子的启蒙教育和成长。节目主持人通过亲切、活泼的声音，与孩子们建立起亲密的沟通桥梁，将各种名人故事以有趣的方式呈现出来。

节目时长约 10 分钟，更新频率为每周一更。节目讲述名人故事，让孩子们了解名人的成长历程、优秀品质和伟大成就，激发孩子们的好奇心和探索欲，培养他们坚韧不拔的意志和积极向上的人生态度，鼓励孩子们勇敢追求梦想，在名人的激励下健康成长。下面以其中一期节目为例：

节目内容

超级名人传 72：爱迪生[①]

开头

主持人： 你们好，孩子们，欢迎收听《超级名人传》，我是钱儿爸。今天，《超级名人传》的主角名字我相信每一个孩子都知道，他就是爱迪生。爱迪生是一位美国发明家，对吗？可你们知道吗，孩子们？他从小就有着一颗特别旺盛的好奇心，对什么都特别感兴趣，而且特别乐意去尝试。他一生当中发明创造了很多很多的东西，像留声机、电灯，等等。据说他的发明一共有两千多个，所以没有比他再熟悉的名字了，对吧？（提出问题）爱迪生发明了这么多东西，拥有了这么多的专利。那么，孩子们，你们知道专利是什么吗？

---

① 参见喜马拉雅平台，《超级名人传 72：爱迪生》，2020 年 9 月，内容有改动。

正文

我给你们简单解释一下，专利是一种对发明创造的专有的权利，就是它独属于你。比方说，爱迪生发明了一种新产品，他向国家申请了专利，获得批准之后，这种产品就只有他才能生产制造。而别人如果没有获得爱迪生的允许，是不可以自己生产制造的，这叫专利的授权。只有获得专利所有人的授权，才能去生产、制造、售卖这种产品。这是个生活当中的小常识。

因为爱迪生有很多的专利产品，所以他的公司经营得非常好。他自己也成为一位受世人尊敬的企业家。不过这些可都是他成功以后的事情了，当他还是一个什么都没有的穷小子的时候，他那些伟大的、远大的梦想总是被人嘲笑，但是爱迪生从来不生气，当然也没有放弃。他一门心思研究自己真正感兴趣的那些东西，其他人想说什么就说吧，根本影响不了他的。

这种对梦想的执着在别人看来有时会觉得无法理解。不过爱迪生的爸爸非常理解他，也很支持他对梦想的执着。只是爱迪生的执着在他小的时候经常闹出过一些小笑话，他的爸爸每次想起来都忍不住笑。孩子们，你们是不是很好奇是怎样的小笑话？其实这个故事咱们也很熟悉，我用我的方式再给你们讲一讲爱迪生孵小鸡，啊不，是爱迪生孵鸡蛋的故事。孩子们都知道这小鸡是怎么孵出来的，对吧？小鸡是从鸡蛋里孵出来的，鸡妈妈生下鸡蛋以后，让这些鸡蛋躺在自己的肚子下面，然后用自己的体温来温暖它们，大概过二十多天的时间，小鸡就会破壳而出，叽叽喳喳地跟在妈妈后面跑来跑去地做游戏了。

爱迪生特别喜欢小鸡，他经常蹲在地上跟小鸡一块儿玩。鸡妈妈总是很警惕地盯着这个小男孩，看他那么大个，生怕他一不小心让小鸡宝宝们受伤。等这些小鸡长大了，鸡妈妈又会去孵出新的鸡宝宝。

话说有一天到了吃饭的时间，爱迪生也不知道跑哪儿去了，可把爸爸给气坏了。爱迪生的爸爸边找边喊了许久，忽然他就看到院子后面的鸡窝里，有一个熟悉的小脑袋动了动，爸爸赶紧跑了过去，一看，好吧，原来爱迪生正安安静静地蹲在鸡窝里头。"孩子，爸爸在到处找你，听到我叫你为什么也不答应一声？"爸爸有点生气了。"爸爸对不起，我在帮鸡妈妈孵蛋，怕吓坏了它们，所以不敢出声。""孵，孵什么？孵蛋？为什么？"爸爸一脸的莫名其妙。

"是这样的，爸爸，我看鸡妈妈总是忙着孵蛋，也顾不上吃饭，都饿瘦了。我想帮帮它，替它孵一会儿，这样它就可以去吃点东西了。再说了，我想看看我能不能把蛋孵出来。"孩子们，你们说这鸡妈妈能同意吗？当然不能了。

爱迪生蹲在鸡窝里头，鸡妈妈围着他急得团团转，不停地在叫，仿佛在说："那是我的孩子，快还给我，还给我。"爸爸听到儿子说要帮鸡妈妈孵蛋，忍不住乐了，他赶紧把爱迪生拉起来。爱迪生刚一站起来，鸡妈妈就迫不及待地跳进了窝里。"爸爸，我还要继续孵蛋呢。"爱迪生有点儿不乐意了。"你呀，快把孵蛋这个任务还给鸡妈妈，这你可帮不了的，弄不好还会耽误小鸡的出生，你知道吗？""我也像鸡妈妈一样，很小心，而且我也很有耐心，为什么我不能孵蛋呢？"爱迪生还在争取自己孵蛋的权利。

爸爸摸摸他的小脑袋，慈爱地说："孩子，想要孵出小鸡可不简单，需要合适的体温，需要凉热交替着孵。这里面的学问只有鸡妈妈才知道，这是我们都做不好的。你可以把这种孵蛋的精神用在其他适合你做的事情上，这样你就能像鸡妈妈孵出小鸡一样，完成你想做好的事情了。"爱迪生的心中还是有点儿不服，不过爸爸讲的话确实有道理，他也想，如果真的耽误了小鸡出生，那不就糟了吗？所以虽然不服气，他还是乖乖听话，跟爸爸回家了。爱迪生小时候孵蛋的这个小笑话，他长大以后一直没有忘记，也记住了爸爸说的话，要用孵蛋的精神去做其他想做的事情。

那么孩子们，什么是爱迪生其他想做的事情呢？他喜欢创造和发明，于是他成立了自己的实验室，带着助手们没日没夜地做各种实验，把自己的想法付诸行动。孩子们，咱们都知道爱迪生发明了电灯。但是你们知道吗，他发明电灯的过程有多曲折、多艰难。成功从来都不是件容易的事情，爱迪生孵蛋的精神在发明电灯的时候派上了用场。话说一百多年前，那时候的人们是用煤气灯来照明的。孩子们，你们可能没见过煤气灯，这种灯是燃烧煤气来发光的。点这种灯会散发出很不好闻的味道，而且也不是很安全，有可能着火或者爆炸。于是爱迪生想要发明一种电灯，让大家可以安全地照明，这是他的梦想，他特别想实现这个梦想。

爱迪生发明的灯泡叫作白炽灯，灯泡里面有一根灯丝，通电之后会发出光。爱迪生跟助手们找了很多种金属来实验，比如说钛、钡、铑，等等，这些可都是稀有金属，很贵。但是爱迪生特别想让所有人都能用得起灯泡，所以他最终也放弃了用这些很贵重的金属来做灯丝。他们用稻草、棉线来试了试，都不行，爱迪生和助手们用了他们能想到的各种东西来做实验，甚至还用到了胡子。"亮了，亮了，灯泡亮了！"助手们欢呼起来。"怎么瞬间就灭了？总是这样，总是这样，我快受不了了。"助手抓着自己的头发大喊。孩子们，大多数东西做灯丝，刚通上电的时候确实会亮，可是立刻就会被烧坏。

爱迪生和助手们的实验陷入了困境，爱迪生总是紧锁着眉头一声不吭，助手们见他这样也不敢说话去打扰他。不过那些煤气公司的老板听说这个消息之后可高兴了。为什么？因为如果爱迪生成功了，做出了又便宜又好用的电灯，那就不会再有人用到煤气灯了，他们的煤气就卖不出去了，也赚不到钱了，所以他们就到处说爱迪生的坏话，想让爱迪生知难而退，放弃发明电灯的想法。爱迪生才不理他们，根本不把他们的话放在心上，依旧一心一意地做着实验，为人们寻找着物美价廉的灯丝。

话说有一天清早，爱迪生一进实验室就对助手说："快，用碳化的棉线做灯丝。这是我在路上想到的，把这个灯丝装进灯泡里，然后把灯泡里的空气全部都抽掉。对，让灯泡变成真空的，快！"当这个灯泡通上电的一刹那，助手们都用手挡住了眼睛，真的亮了。"你们瞧，它没灭，太棒了，它真的好亮。这个灯泡发出了明亮的光，而且连续亮了 45 个小时，终于成功了，太好了！"爱迪生的助手说："我已经数不清有多少个月没睡个好觉了，明天早上谁都不要叫醒我。""没错，没错，也别叫醒我。""我也算。""算我一个。"其他人也都笑着说。"好吧，明天给你们放个补觉假，不过就一天，后天一早要来实验室，连续亮 45 小时是远远不够的，我们还要继续想办法找到更好的灯丝。"爱迪生说。

他对这种灯丝其实并不满意，后来他和助手们在世界各地找了几千种竹子做实验，最后选中了日本的一种竹子，用这种竹子的丝碳化之后做成灯丝，这样的灯泡可以持续亮一千多个小时。孩子们，爱迪生发明的这种灯泡，世界各地的人们一直用了好多年，直到后来有人用钨丝来替代了这种炭化的竹丝。这种钨丝灯泡现在还有人在使用，它的照明时间就更长了。不过说起电灯，人们当然还是第一时间想到了爱迪生，他的发明照亮了黑夜，他的故事照亮了很多人为了梦想执着前行的路。

结尾

好了，今天的《超级名人传》就讲到这儿了，我们下次故事时间再见喽，我是钱儿爸。

逻辑分析

开头（明确主题、引出人物）

主持人亲切开场，引出主题"爱迪生"，提出"什么是专利？"的问题，为故事做铺垫。

正文（分层次讲述）

（1）解释核心概念"专利"。

（2）童年趣事：孵鸡蛋小笑话。

（3）从孵蛋到发明电灯：精神延续。

（4）电灯发明的艰难历程（核心故事）。

（5）故事的启示与精神传递。

结尾（点题、升华主题）

再次突出爱迪生坚持不懈的精神，鼓励听众勇敢追求梦想，给故事画上圆满的句号。

案例解析

《超级名人传》是一档专为儿童打造的科普类音频节目，以讲述名人故事的方式，向孩子们传递知识、价值观和人生启发。它采用故事化叙述、沉浸式对话、生活化比喻等多种手法，使原本可能略显枯燥的历史和科学知识变得生动有趣，符合儿童的认知特点和兴趣需求。

对于节目创作思路，《超级名人传》强调通过故事来激发儿童对世界的好奇心。例如，在讲述爱迪生的成长经历时，节目不仅介绍了他的科学成就，还重点描绘了他小时候的探索精神，如"孵小鸡"的趣事，这不仅让孩子们觉得有趣，还能让孩子们在潜移默化中学习到科学思维的萌芽。故事叙述不仅限于名人的成功经历，也展现他们面对挫折时的坚持和探索，如爱迪生发明电灯时经历的无数次失败，使孩子们理解"坚持"与"实验"在科学探索中的重要性。

节目采用轻松幽默的对话形式，主持人钱儿爸以"爸爸"式的亲切口吻，与孩子们建立情感连接。他不仅用通俗易懂的语言解释科学概念（如专利的定义），还擅长使用生活化的比喻，让抽象的知识变得具体可感。例如，他用孩子们熟悉的"孵小鸡"故事来表现爱迪生的探索精神，使孩子们在听故事的同时自然接受科学知识。此外，他也善于运用设问与互动，例如"孩子们，你们知道专利是什么吗""你们说鸡妈妈能同意吗"，这些提问不仅增强了听众的参与感，也鼓励孩子们主动思考。

节目充满童趣和具有互动感的主持风格，主持人不仅是知识的讲述者，更像是孩子们的"故事伙伴"，通过角色对话、拟声词和夸张语气来增强故事的生动性。例如，在描述爱迪生孵蛋的场景时，主持人模仿鸡妈妈焦急地叫着，这种拟人化的表现方式能让孩子们更好地代入情境。此外，节目节奏明快，既有悬念铺设，也有情节起伏。例如，在讲述爱迪生发明电灯的实验过程时，先铺垫无数次失败，再展现最终成功的喜悦，增强了故事的吸引力。

音效和背景音乐的运用也是节目的一大亮点。适时加入的音效（如鸡叫声、助手们欢呼声、灯泡点亮的声音）增强了故事的戏剧性，使听众的听觉体验更加丰富。同时，轻快的背景音乐和适当的停顿，也帮助维持节目的节奏感，使孩子们能够轻松愉快地跟随故事发展，不会因信息过载而产生疲劳感。

《超级名人传》凭借故事化的讲述方式、互动式的语言表达、充满童趣的主持风格，成功地将名人故事变成了孩子们喜欢听、愿意听的有趣内容。节目不仅让孩子们了解科学家、发明家的成长经历，还在无形中培养了他们的探索精神和坚持不懈的品质，真正做到了"寓教于乐"的教育理念。

训练材料

《科学小探险》

1. **观众定位**

6~12 岁儿童。

2. **节目时长**

10 分钟。

3. **节目内容**

每期围绕一个有趣的科学现象、自然奥秘或科技发明展开，例如"恐龙真的灭绝了吗？""太空到底是什么样的？""手机是如何工作的？"等。节目采用故事化叙述，结合冒险情节，让小听众们跟随主持人"科学探险队"一起出发，解锁神秘的科学世界。

4. **节目风格**

《科学小探险》采用活泼有趣、通俗易懂的风格，通过故事化的讲解方式，让孩子们在轻松愉悦的氛围中学习科学知识。节目运用拟人化、比喻和互动式提问，帮助孩子理解抽象的科学概念。同时，搭配趣味音效、轻快的背景音乐，增强沉浸感，让科学探索变得更加生动和有趣。

案例 3　《别笑！这就是历史》

《别笑！这就是历史》这档少儿音频节目在喜马拉雅平台拥有广泛的听众基础，深受不同年龄段儿童及其家长的喜爱。孩子们在课后或睡前，渴望通过节目获取知识、享受有趣的故事，家长们则期望借助节目丰富孩子的生活，助力孩子的成长和教育。

节目时长约 3 分钟，更新频率为每周一更。节目为少儿提供多元化的音频内容，涵盖故事、科普、儿歌等多种形式，激发孩子们的想象力和创造力，培养他们的兴趣爱好，助力孩子们全面成长，让他们在快乐中学习和探索世界。下面以其中一例节目为例：

节目内容

人是垃圾桶捡来的吗——远古 [2] 女娲造人①

开头

（片头：宝宝巴士国学启蒙）

正文

皮大龙： 这就是历史，女娲造人。人是垃圾桶捡来的吗？

闹闹： （提出问题）皮大龙，你知道人是怎么来的吗？

皮大龙： 妈妈生的，不然咋的？难道你是从石头缝里蹦出来的？

闹闹： 那妈妈怎么来的？

皮大龙： 妈妈的妈妈生的。

闹闹： 哦，那妈妈的妈妈怎么来的？

皮大龙： 哎，我说，你有完没完了，哪儿来的这么多问题啊？

闹闹： 不是，我的意思是妈妈的妈妈的妈妈是怎么来的？

皮大龙： 哦，我明白了，你是想问人类是怎么诞生的吧？

闹闹： 对对对。

皮大龙： 让我这条5000岁的上知天文下知地理、无所不能的神龙给你上上课。传说在很久很久以前，大地上有一位非常厉害的女神"女娲"。女娲走啊走，游啊游，突然有一天就变忧愁了。

闹闹： 怎么就忧愁了呢？让闹闹我给她唱首动听的歌。啊哒哒，啊哒啊哒，啊哒哒。

皮大龙： 那个时候啊，没有你闹闹，世界真的是一点儿不闹啊，太安静了，所以女娲孤独啊。有一天，女娲来到河边的时候，突然发现了水里自己的倒影。那是女娲笑影子笑，女娲胖影子胖啊！

皮大龙： 女娲心想，咦，这是谁？Oh my god，真是太好看了呀。这是哪个宇宙无敌小可爱。没有错，就是女娲我本娲了。

闹闹： 这女娲也太自恋了。

---

① 参见喜马拉雅平台，《别笑！这就是历史》第3期节目，2020年11月，内容有改动。

皮大龙： 比起你闹闹来还差那么一丢丢。女娲心想，不如我来创造像我一样好看的生物，这个世界不就热闹起来了吗？说干就干，她也不在乎自己的女神形象了，抓起泥，捏成了娃娃模样的小东西。要不咋说人家是女神，那可真是心灵手巧了，DIY的小东西一沾地儿就活了起来，这跑起来是啪啪的，还追着女娲叫妈妈。女娲给小东西取了个名字，叫"人"。

闹闹： 为什么不起名叫闹闹？我觉得还是闹闹好听。

皮大龙： 因为女娲也怕闹腾。

闹闹： 哼！

皮大龙： 你想啊，做一个、两个行，做一个世界的人也太多了。女娲心想，咋的，我是女娲还是女工啊？我自己一个人就是 套生产线呢。于是女娲从河边找来了一根树藤，用藤条沾上泥浆，这么一甩，一个个泥点子就变成了一个个小人儿。

结尾

闹闹： 怪不得皮大龙你没我可爱，我就是女娲捏的，而你是泥浆甩的。

皮大龙： 你给我上一边去。

逻辑分析

开头（明确主题、引发兴趣）

主持人以趣味化的问句开场："人是垃圾桶捡来的吗？"迅速吸引孩子兴趣，引出"女娲造人"的话题。

正文（故事展开与互动）

（1）问题引入，激发好奇。

（2）介绍女娲形象与动机。

（3）女娲造人的过程。

结尾（幽默互动、升华趣味）

闹闹以"自己是女娲亲手捏的更可爱"调侃皮大龙，活跃气氛，形成趣味性对比。

以轻松幽默的氛围结束本期，增强趣味性，完成故事的圆满收尾。

案例解析

《别笑！这就是历史》是一档轻松幽默、富有童趣的少儿历史科普节目，通过风趣的对话和夸张的表现手法，将历史故事改编为富有娱乐性的内容，使孩子们在欢笑中了解历史、增长知识。节目不仅吸引了儿童听众，也受到家长的喜爱，成为孩子们获取历史知识的有效渠道。

《别笑！这就是历史》巧妙地融合了历史故事与现代幽默，以轻松调侃的方式讲述传统文化和神话传说。例如，在讲述"女娲造人"的故事时，节目没有采用传统的严肃叙述，而是通过拟人化手法，将女娲塑造成一个有情绪、有幽默感的角色，使其形象更符合儿童的认知特点。同时，节目大量使用夸张表达，比如女娲看到自己的倒影时，忍不住夸自己好看，这种幽默元素让孩子们觉得历史故事不再枯燥，增加了节目的趣味性。

节目的语言表达采用对话形式，并加入大量拟声词、夸张语气、现代流行词汇，使整体风格更加活泼亲近。例如，皮大龙自称"5000岁的神龙"，既符合孩子们对神话故事的期待，又带有幽默感。此外，节目还融入了一些现代语言表达方式，如"Oh my god，真是太好看了呀！"这类现代化幽默让孩子们在熟悉的语言氛围中听故事，更容易理解和接受历史故事。

主持风格上，节目以角色化的方式呈现，主持人不仅是讲述者，更是故事中的角色。皮大龙和闹闹的设定类似于"幽默导师＋调皮学生"的组合，形成了经典的一问一答、互相吐槽的互动模式。例如，闹闹天真地提出"妈妈的妈妈的妈妈是怎么来的"这样具有哲学意味的问题，而皮大龙则用幽默的方式巧妙回应，使原本较难理解的历史话题变得轻松易懂。此外，角色之间的互相调侃，如"怪不得皮大龙你没我可爱，我就是女娲捏的，而你是泥浆甩的"，增强了节目的戏剧性，使孩子们在欢乐的氛围中自然接受历史故事。

综上，《别笑！这就是历史》以幽默风趣的语言、对话式的互动、拟人化的角色塑造成功地将历史故事转化为富有趣味性的内容。它不仅打破了传统历史讲述的刻板印象，还通过现代化表达、夸张演绎和互动式叙述，激发孩子们对历史的兴趣，让他们在轻松愉快的氛围中增长见识。这种寓教于乐的形式，使得节目既具备知识性，又具有极高的娱乐性，成为儿童历史科普节目的典范。

训练材料

《奇趣历史探秘》

1. **观众定位**

5~10 岁儿童。

2. **节目时长**

10 分钟。

3. **节目内容**

在节目中，每期都会选取一个有趣的历史主题，例如"秦始皇真的想长生不老吗?""古代人是如何洗澡的?""狄仁杰到底是怎样破案的?"等，再结合趣味故事、情境对话和互动问答，让孩子们在听故事的同时，不知不觉地汲取历史知识。

4. **节目风格**

《奇趣历史探秘》采用幽默风趣、轻松活泼的风格，以故事化的方式讲解历史知识，避免枯燥乏味的说教。主持人可用拟人化、对话和夸张的语气，让历史事件变得生动有趣，配合丰富的音效和情景模拟，增强沉浸感，让孩子们仿佛穿越回古代，亲身体验历史的奇妙。

案例 4 《听相声学成语》

《听相声学成语》这档少儿音频节目在喜马拉雅平台拥有广泛听众基础，涵盖了不同年龄段的儿童及其家长。儿童对世界充满好奇，渴望在节目中获取知识、享受乐趣;家长则希望借助节目丰富孩子的课余生活，助力孩子成长。

节目时长约 7 分钟，更新频率为每周一更。节目轻松欢快、充满童趣，语言表达生动形象、通俗易懂，符合儿童的认知水平和语言习惯;搭配丰富的音效和欢快的音乐，根据不同的场景和情节营造出相应的氛围，增强节目的吸引力和感染力，让孩子们沉浸其中。下面以其中一期节目为例:

节目内容

面粉太多加点水——恰到好处（上）[1]

开头

学生1： 打竹板儿响铃声，我昂首站在台当中。今天我的心情好，给大家唱段数来宝。

嘉庆叔叔： 这得好好听听。

学生1： 上拍拍，下拍拍，左拍拍，右拍拍，拍他五八四十拍。

嘉庆叔叔： 可别拍坏了。

学生2： 我说就把您吃饭的家伙带上就行了。

嘉庆叔叔： 吃饭用什么家伙呀？听一段相声。

学生1： 学一个成语。跟嘉庆叔叔——

学生2： 和他的学生们一起——

合： 听相声学成语。

正文

小九： 嘉庆叔叔，嘉庆叔叔，您在哪儿蹲着呢？快点过来，我看见你啦。

嘉庆叔叔： 你上这儿找猫来了。

小九： 嘉庆叔叔，我可逮着您了。

嘉庆叔叔： 我又没跟你玩藏猫猫，你逮我干吗？

小九： 我想找您帮我个忙。

嘉庆叔叔： 帮忙，帮什么忙？咱们可说好了，要是干那些偷鸡摸狗的坏事，我可不帮你。

小九： 哪儿能啊？您看我像那样的人吗？

嘉庆叔叔： 呵呵，像。

小九： 您可别这么说，我可不是，我今天找您是想让您帮忙拍拍我。

---

① 参见喜马拉雅平台，《听相声学成语》第675期《面粉太多加点水——恰到好处（上）》，2025年3月，内容有改动。

嘉庆叔叔：拍你？拿苍蝇拍儿拍，还是拿球拍儿拍？

小九：不是，我是想让您照照我。

嘉庆叔叔：照你？拿手电筒照还是拿照妖镜照啊？

小九：都不是，我是想让您摄摄我。

嘉庆叔叔：用机关枪射还是用迫击炮射？

小九：那我受得了吗？

嘉庆叔叔：你到底要我帮你干吗？

小九：这么跟您说吧，我们班老师让我们每个人做一道美食菜肴，还让我们把全过程拍摄下来。今天我爸我妈都不在家，我想让您帮我拍摄。

嘉庆叔叔：就是拍摄你做美食啊。你刚才费那么大劲儿也没说清楚，现在我明白了。行，那我今天就帮你这个忙了。

小九：谢谢您，嘉庆叔叔。

嘉庆叔叔：不客气。对了，你要做什么美食？

小九：我想包饺子。

嘉庆叔叔：啊？你要包饺子那可不容易。

小九：没啥，我能成。

嘉庆叔叔：先甭说别的，光是包饺子的原料你都买了吗？面粉、肉馅都有吗？

小九：有，面粉、肉馅都是现成的，到家就能做。

嘉庆叔叔：那行。呦，说着说着还到了。

小九：嘉庆叔叔，我这边把擀面杖、案板、面粉、肉馅都准备好了，您看看怎么样？

嘉庆叔叔：小九，可以呀，你还真是吃西瓜，拿出刀和叉。

小九：这话怎么讲？

嘉庆叔叔：准备得真不少。

小九：那是，行了，您把手机打开，我这就开始了。

嘉庆叔叔：好了，三二一，开始。

小九：大家好，今天我们来包饺子，我们首先来和面，这是一袋子面粉，我们把口袋打开。

嘉庆叔叔：　那袋口开小点儿。

小九：　一二，哈哈，打开了。

嘉庆叔叔：　那口开得跟切西瓜似的，太大了。

小九：　下面开始倒面粉。

嘉庆叔叔：　慢点儿。

小九：　一二三，走你。

嘉庆叔叔：　嚣！小九……赶上喜马拉雅山上闹雪崩了，这厨房全白了。

小九：　我也没想到，这一下面粉都能飞起来。

嘉庆叔叔：　你这开口开得太大了，又倒得这么猛，能不往外嘣吗，快点开窗户。哎哟，哎哟，人家知道的是家里包饺子倒面粉的。

小九：　那要不知道呢？

嘉庆叔叔：　还以为闹妖精了。你看看一股子妖气都从窗户飞出去了，咱俩也都成了雪人了，快点拍拍身上吧。哎哟，哎哟，行了，现在好点儿了，你用小碗挖出一小碗面粉，倒在面盆里，就行了。一小碗就行了，注意，别多了，也别太少了，一定恰到好处。

小九：　掐到呕吐？嘉庆叔叔您掐的劲儿可太大了，都掐吐了，我可来不了。

嘉庆叔叔：　什么叫"掐到呕吐"？是"恰到好处"，一个成语。

小九：　这包饺子都能包出成语来了，啥意思？

嘉庆叔叔：　这个成语出自现代著名作家朱自清的《经典常谈·春秋三传第六》。在这里边有这么一句话：只是平心静气地说，紧要关头却不放松一步，正所谓恰到好处。意思就是，说话办事，火候刚刚好，既不多，也不少，非常恰当。明白了吗？

小九：　您是要让我盛面粉，盛得不多也不少，恰好处。

嘉庆叔叔：　没错，你这回可得注意点。

小九：　没啥，没啥，我能成。

嘉庆叔叔：　你刚才就说你能成。

小九：　咱赶紧开始吧。

嘉庆叔叔：　慢一点，三二一，开始。

小九： 下面我们用小碗来盛面粉，就盛这么一小碗，不多不少，恰到好处。这是和面的盆，咱们把面粉给它搞里头。

嘉庆叔叔：慢点儿，别又把面粉给扑飞了。

小九： 没问题。怎么样，顺利进盆。

嘉庆叔叔： 行了，这回该倒水了，可别倒多了。

小九： 没问题。来了，哈哈，开始和面。一二三四，二二三四，换个方向再来一次。嘉庆叔叔，这面粉怎么稀里哗啦的，跟疙瘩汤似的。

嘉庆叔叔： 你倒了那么多水，能不跟疙瘩汤似的吗？

小九： 那怎么办？

嘉庆叔叔： 你再添点面粉呗。

小九： 好，再添点面粉。

嘉庆叔叔： 别加多了，少来点。

小九： 没问题。一二三四，二二三四，换个方向再来一次。怎么这疙瘩汤变成大元宵了，一疙瘩一疙瘩的。

嘉庆叔叔： 你这回是面粉太多了。

小九： 那怎么办？

嘉庆叔叔： 再添点水吧。

小九： 没问题，添水。一二三四，二二三四，又成疙瘩汤了，没关系，再添面粉。一二三四，二二三四，哎呀，又成大元宵了，没关系，再添点水。哎呀，坏了。

嘉庆叔叔： 又怎么了？

小九： 这个盆里放不下了，我得换个洗脚盆。

嘉庆叔叔： 嘿呦，回来吧你。

逻辑分析

开头（明确主题，引出情境）

通过相声片头与生动对话快速引出"恰到好处"这一主题，明确学习成语的故事内容。

正文（故事展开，生动阐释成语含义）

（1）引入故事背景。

（2）引出问题。

（3）讲解成语"恰到好处"。

（4）实践应用：小九反复调节水与面粉比例。

结尾（趣味总结，深化主题）

最终小九因不断增加面粉和水而导致面团太大，以幽默的方式警醒听众，强化了"做事要恰到好处"这一中心思想，寓教于乐地结束故事。

案例解析

《听相声学成语》是一档结合传统相声与成语学习的少儿音频节目，以轻松幽默的风格和生动形象的语言，让孩子们在欢笑中掌握成语的含义、用法及历史典故。节目不仅适合儿童收听，也受到家长的喜爱，是一种寓教于乐的语言学习方式。

《听相声学成语》充分利用相声的结构特点，以对话、包袱、夸张的表现手法，使原本可能略显枯燥的成语学习变得妙趣横生。例如，在"恰到好处"这一期节目中，故事围绕包饺子展开，先通过实际场景制造冲突（面粉倒得太多、加水过量等），再引出成语"恰到好处"的概念。这样的设计不仅增强了节目的故事性和趣味性，也让成语的用法变得具体可感，符合儿童的认知特点。

节目大量运用幽默对话、押韵、谐音、夸张比喻等手法，使内容更加生动易懂。例如，当嘉庆叔叔说"恰到好处"时，小九误听成"掐到呕吐"，制造了一场意料之外的笑料。这种错位幽默符合儿童的语言理解习惯，使学习成语变得更具吸引力。同时，节目还大量使用拟声词，增强了故事的画面感，使儿童能够通过听觉想象故事场景，从而加深对成语的理解。

节目采用相声传统的"捧哏＋逗哏"组合，嘉庆叔叔扮演"捧哏"角色，既负责解释成语，又适时引导情节发展，而小九则是"逗哏"，承担制造笑料的任务，通过天真的问题、错误的理解和夸张的行为让节目更加风趣。例如，小九在和面过程中反复加面粉和水，导致需要用到越来越大的面盆，甚至要换成洗脚盆，这种情节的递进夸张正是相声"包袱"设计的典型技巧，让孩子们在轻松的氛围中强化对"恰到好处"这一成语的理解。

另外，节目巧妙地运用相声专属的竹板声作为开场元素，使其具有传统韵味，同时在情节发展中搭配丰富的拟声音效，增强故事的真实感和沉浸感。此外，节目在语言节奏上讲求抑扬顿挫、快慢结合，例如嘉庆叔叔的解释部分语速较慢，突出逻辑性；而小九的搞笑对话语速较快，增加喜剧效果。这种节奏的变化不仅保持了节目的趣味性，也提升了孩子们的听觉体验。

《听相声学成语》通过相声艺术的表现形式，将成语学习与幽默情境结合，让孩子们在欢笑中掌握成语的正确用法和内涵。节目不仅通过幽默的对话增强儿童的语言感知力，还借助情境学习法，使成语知识更具实践性。这种寓教于乐的方式，不仅提高了儿童对传统文化的兴趣，也培养了他们的语言表达能力，使成语学习不再枯燥，而变成一场有趣的听觉冒险。

▎训练材料

《妙趣成语故事》

1. **观众定位**

7～12 岁儿童。

2. **节目时长**

10 分钟。

3. **节目内容**

通过讲述故事，孩子们了解了成语的含义与背后的魅力。

4. **节目风格**

节目风格轻松幽默、寓教于乐。角色对白风趣幽默，配合丰富的音效，增强听觉体验。故事情节紧凑，符合儿童的认知水平，既能让孩子们在欢笑中学习，也能培养他们的语言表达能力和成语运用能力。

案例5   《巴蜀民间故事》①

《巴蜀民间故事》节目面向儿童，围绕优秀传统文化，借助少儿音频节目这一声音媒介，进行情感教育与品德引导，全方位助力儿童健康快乐地成长。

节目时长约5分钟。节目通过讲述聂郎和聂母的故事，借丰富音效与生动配音，为儿童打造一场听觉盛宴。故事演绎，传递巴蜀文化精髓，弘扬孝老爱亲、善恶有报的道德观念，激发儿童情感共鸣，让传统文化在声音世界中滋养儿童心灵，助力其茁壮成长。此节目荣获第四届四川省大学生原创剧本大赛一等奖。

节目内容

巴蜀民间故事

案例解析

《巴蜀民间故事》是一档巴蜀文化传奇故事类音频节目，凭借生动的故事演绎、充满画面感的音效设计和节奏鲜明的叙述风格，成功塑造了一个充满传奇色彩的听觉世界，让孩子们在故事中感受孝道文化与因果报应的传统价值观。

节目以巴蜀民间故事为基础，本期选择了《望娘滩》这一极具地域特色的传说，围绕主人公聂郎与母亲的情感线索展开叙述。节目巧妙融入传统道德教育，将孝老爱亲、善恶有报等价值观寓于情节之中，同时通过曲折的故事发

---

①　原创节目。制作人：四川师范大学影视与传媒学院游雨佳；指导老师：王博、韩幸霖。该节目荣获第四届四川省大学生原创剧本大赛一等奖。

展、强烈的戏剧冲突（如聂郎发现宝珠、财主抢夺、变身赤龙等），吸引孩子的注意力，使他们沉浸在故事情境中。

语言表达方面，节目充分考虑到听众的特点，采用简洁明了、富有节奏感的表达方式，结合角色对白、旁白解说和环境音效，使叙事更具层次感。主持人承担着故事引导者的角色，以亲切、略带戏剧性的方式串联剧情，并适时补充文化背景，帮助孩子们理解情节发展。同时，角色对话鲜活生动，符合儿童的语言习惯，增强了故事的代入感，如聂郎的惊喜"居然有一颗宝珠！"财主的狡诈"去聂郎家把我的传家宝珠抢回来！"等，使得角色形象更加立体。

节目风格则充满童趣且节奏紧凑，通过丰富的音效、活泼的对白、幽默的表达方式，使故事更具沉浸感。例如，割草声、泉水声、宝珠发光声、变身音效、龙吼声等，极大增强了听觉冲击力，让孩子们在闭上眼睛的瞬间，也能感受到故事场景的真实存在。故事发展过程中，幽默诙谐与紧张刺激交替呈现，如聂郎发现宝珠的惊喜、与财主对峙的紧张感、吞下宝珠变成龙的震撼等，层层递进的叙事结构使节目更加吸引人。

《巴蜀民间故事》通过精心的故事编排、细腻生动的语言表达、互动式的主持风格以及沉浸式的听觉体验，不仅让孩子们在趣味盎然的故事中感受巴蜀文化的魅力，而且在潜移默化中传递了传统价值观，成为一档兼具文化传承与儿童启蒙价值的优秀少儿音频节目。

训练材料

《巴蜀奇谈》

1. 观众定位
5～12 岁儿童。

2. 节目时长
10 分钟。

3. 节目内容
《巴蜀奇谈》以巴蜀地区的民间传说为核心，通过生动的故事讲述和丰富的音效，带领孩子们走进神秘的巴蜀文化。

4. 节目风格

节目采用广播剧式叙述风格，通过生动的角色对话、丰富的环境音效，增强故事的沉浸感，使儿童仿佛亲历其境。同时，节目寓教于乐，在轻松愉悦的氛围中，让孩子理解孝道、勇气和坚持等优秀传统美德。节目节奏明快，兼具紧张、幽默和温情元素，确保儿童能够全程专注，并在故事中获得启发与成长。

案例6　《做最闪亮的自己》①

《做最闪亮的自己》节目以电影、动画片为灵感，向小朋友们讲述勇敢做自己的系列故事，鼓励小朋友们勇敢追梦，突破外界束缚。

本期节目通过讲述朱迪和尼克的冒险故事，鼓励儿童勇敢追求梦想，让他们明白每个人都有独特之处，都能在自己的领域发光发热，同时传递正义、合作等积极价值观，助力儿童树立正确的人生观和价值观，在欢乐中收获成长。

节目时长约 10 分钟。节目风格轻松欢快、充满童趣，以轻快的音乐和丰富多样的音效营造出动物城的热闹氛围，角色对话生动有趣，故事节奏紧凑，充满悬念与惊喜，让孩子们沉浸其中。

▍节目内容

做最闪亮的自己

▍案例解析

《做最闪亮的自己》是一档少儿励志故事类音频节目，充分发挥故事的趣

---

① 原创节目。制作人：四川师范大学影视与传媒学院叶姗姗、彭圣燚；指导老师：韩幸霖。

味性与教育性，借助生动鲜明的人物形象与扣人心弦的情节，引导儿童树立正确的人生观与价值观，鼓励他们勇敢地追逐自己的梦想、打破偏见、合作共赢。

本期剧集以广受儿童喜爱的动画电影《疯狂动物城》为故事原型进行二次创作，巧妙呈现主人公朱迪与尼克追求梦想的成长故事，鲜明地突出了"做最闪亮的自己"的主题。故事聚焦于主人公兔子朱迪如何在不被看好的情况下，以自身努力和勇气打破偏见、成功实现梦想的过程，突出人物个性成长与价值认知。同时，通过狐狸尼克这一配角的成长蜕变，强调每个人都有独特之处，值得尊重与认可，强化正义、合作、接纳的核心价值观。

在情节设计上体现出清晰的逻辑性与鲜明的层次感，结构紧凑、悬念突出，符合儿童认知。节目以朱迪成为警官后却被派去贴罚单、初次遇到狐狸尼克展开叙述，逐步揭开动物失踪案的真相，并在真凶暴露的剧情高潮中进一步推动人物关系发展，巧妙地设计了朱迪与尼克从最初的冲突到后来的默契合作，自然呈现人物的成长与变化。整个故事充满悬念与趣味，充分考虑了儿童对故事节奏的需求，幽默对白与紧张悬疑场景交替，牢牢抓住儿童的注意力，让他们在故事中体验到追求梦想和伸张正义的积极意义。

语言表达方面，节目注重以贴近儿童生活习惯和思维特征的方式来呈现故事情节与价值观。主持人姗姗姐姐亲切、生动地引导情节发展，以温暖、鼓励的语调与孩子们沟通，降低了价值观教育的严肃性与距离感，让孩子们易于接受与理解。角色对白富有童趣，如朱迪的乐观与执着、尼克的风趣与机智、羊副市长的伪装与狡猾等，都通过富有个性化的台词生动展现，进一步强化了角色魅力，提升了儿童的代入感与共情力。

在音效设计与整体风格把握上，节目利用欢快的背景音乐和多样化的音效，如城市的嘈杂声、警车的警笛声、角色之间的对话场景声等，营造出充满趣味和临场感的听觉世界，让孩子们产生如临其境的体验，增强了节目的趣味性与吸引力。

通过精心的情节设计、生动活泼的语言表达、丰富多样的音效运用，以及富有感染力的主持风格，《做最闪亮的自己》不仅有效地传递了勇气、合作与坚持梦想等积极价值观，更成功塑造了一个令少儿听众喜爱的听觉世界，帮助孩子们在趣味十足的故事中树立积极健康的价值观念，激励他们勇敢追逐属于自己的闪亮人生。

训练材料

《小小勇者的非凡征程》

1. 观众定位

6～12 岁儿童。此阶段孩子好奇心强，渴望探索未知，正逐步构建自我认知与价值观。

2. 节目时长

10 分钟。

3. 节目内容

一位看似平凡甚至有些弱小的主角，踏上了充满未知与挑战的征程。征程的场景可以是神秘的古老遗迹、浩瀚无垠的荒野、神秘的异度空间等。主角在途中会遭遇各种艰难状况，像强大的阻碍势力、诡异的自然现象、复杂危险的环境等。主角凭借内心的勇气与智慧，克服重重困难，实现自我成长，从最初的不被看好，到最终赢得认可，完成非凡蜕变。

4. 节目风格

节目语言生动且充满童趣，多采用生动形象的表述，让儿童易于理解和沉浸。主持人声音需亲切活泼，富有感染力，能充分调动小听众情绪。在音效与音乐方面，依据不同场景，搭配相应氛围音乐，如神秘场景用带有神秘感的音乐；在主角面临危机时，加入紧张的音乐，增强故事紧张感与吸引力。

第八章　体育音频节目创作分析与实训

体育音频节目作为音频节目中极富感染力的类型，凭借其独特的语言节奏、情感调动和现场感，使听众仿佛置身比赛现场，感受体育竞技的激情与魅力。在体育音频节目创作过程中，如何塑造动感十足的语言节奏，如何提升文本创作的审美价值，以及主持人的表达技巧，均是关键。

一、体育音频节目的语言节奏与动感表达

体育音频节目的语言表达具有显著的节奏感和动感特征。主持人需要根据比赛的不同阶段，合理控制语速与语调，以增强节目的现场氛围。例如，在比赛高潮时，主持人通常语速加快，音调升高，情绪饱满，以此传递紧张和激烈氛围；而在赛事间歇期，主持人的语速则会适当放缓，以便观众更好地放松和休息。

此外，体育音频节目的语言表达需注重节奏变化与停顿运用，以形成独特的韵律感。例如，在足球比赛中，解说员往往会在关键射门瞬间停顿一秒，随后迅速高声呼喊进球，这种方式能够瞬间点燃听众情绪。而在篮球比赛中，由于节奏较快，解说员则需要不断调整语言流畅度，在短时间内准确描述战况，确保听众对比赛进程的清晰理解。

二、体育音频节目文本的创作策略

体育音频节目的文本不仅要精准传达比赛信息，还应具备艺术性，以增强听众的审美体验。首先，体育音频节目文本的核心在于叙事性，即通过生动的描述和富有画面感的表达，听众能在脑海中构建出比赛场景。例如，在中央广播电视总台东京奥运会转播中，体育解说员不仅对比赛进行技术分析，还运用

叙事化手法讲述运动员背后的故事，从而增强听众的情感共鸣。

其次，体育音频节目的文本创作要注重语言的形象化表达，如使用拟声词、比喻、排比等修辞手法，使语言表达更加生动。例如，解说员可以用"如闪电般冲刺"来形容短跑运动员的速度，用"腾空而起，如大鹏展翅"来描述扣篮的瞬间，以此增强听众的代入感。

最后，体育音频节目的文本创作还应具有审美价值，契合体育精神的核心内涵。体育赛事不仅是一场竞技比赛，更是力量、智慧、意志的较量。音频文本应通过语言的艺术处理，使听众感受到体育的激情与美感。例如，在杭州亚运会报道中，解说员将赛事比喻为"速度与激情的交响乐"，将运动员的竞技状态形容为"人类极限的挑战"，从而提升体育广播的艺术性[①]。

三、体育音频节目主持语言表达技巧

体育音频节目主持人的语言表达技巧是决定节目质量的关键。

首先，主持人需要具备高度的专业素养，对比赛规则、运动员信息、战术分析等内容了然于心，以保证解说的专业性和权威性。

其次，主持人在解说过程中应保持情绪饱满，善于调动听众情绪。例如，在关键时刻使用夸张语气、适当提高音量，以增强赛事的紧张氛围。

再次，体育音频节目主持人应具备良好的即兴表达能力，以应对比赛中的突发情况。由于体育赛事具有极大的不确定性，主持人需要能够迅速调整语言表达方式，捕捉并分析场上的每一个变化。例如，在《主持人大赛》节目中，选手通过即兴模拟解说体育赛事，不仅考验其对赛事的理解能力，也锻炼了其在紧急情况下的应变能力。

最后，体育音频节目的主持人还需要注重节奏的控制，使语言表达既不拖沓，也不过于急促。例如，在比赛节奏较快的篮球解说中，主持人需要在有限的时间内准确描述球员的跑位、传球、投篮等细节；而在马拉松等长时间赛事解说中，则需要通过适当的留白与信息补充，避免听众产生审美疲劳。

总之，体育音频节目的成功离不开语言的节奏感、文本创作的艺术性以及

---

① 李金宝，赵宇星. 大型体育赛事故事化叙事的策略与方法——兼议中央广播电视总台杭州亚运会报道特色［J］. 电视研究，2024（1）：65－67.

主持人卓越的表达技巧。通过精准的赛事解说、生动的语言塑造和富有感染力的表达，体育音频节目不仅为听众提供了专业的赛事信息，也让体育竞技的美感与精神内涵得以充分展现，为听众带来更加丰富的听觉体验。

四、体育音频节目案例解析与实训

案例1　《三分钟热度》

《三分钟热度》在喜马拉雅的体育音频节目榜单中排名前列，节目制作形式为系列节目，播出平台仅限于喜马拉雅手机端。节目的受众群体广泛，包括对体育新闻和时事感兴趣的听众、希望在短时间内了解体育最新动态的忙碌人群，以及对各类体育热点事件保持关注的公众。观众评价节目内容新颖、时效性强。

节目时长约3分钟，更新频率为每日一更。节目采用轻松幽默的语言风格，使听众在轻松愉快的氛围中获取体育信息和知识。主持人用幽默的讲述和生动的例子，提高了节目的吸引力。下面以其中一期节目为例：

节目内容

奥运赛场上的加油方式也许是面哈哈镜[①]

正文

（引入）闻所未闻，将奥运赛场上那些闪光的见闻讲给您听。我是张文。（事件描述）今晨奥运赛场上出现了每隔四年都会一见的场景，那就是中国选手包揽冠亚军，两面五星红旗同时升起。（对比观点）对了绝大多数人来说，这是观看奥运会最圆满的场面；但对于参加冠亚军决赛的当事人来说，（情感描述）这又绝对是人生最五味杂陈的夜晚。（事件强调）而这样的场景，一晚我们就经历了两次。（具体例子1）乒乓球女单决赛，中国选手陈梦成功卫冕女单冠军。同样的场景三年前在东京出现过，（具

---

① 参见喜马拉雅平台，《三分钟热度》2024年8月4日节目，内容有改动。

体例子2）这次又再度复制。在羽毛球女双金牌赛当中，中国组合陈清晨、贾一凡夺得了金牌，战胜了师妹刘圣书、谭宁。

（对比分析）从结果来看，输球的一方都是更年轻的一方。你可以说他们还有下一个四年，但运动生涯最黄金的四年不可复制、不可再现，谁又能保证归来仍在顶峰？

我记忆中印象最深刻的冠亚军包揽场景是三年前的东京，中国选手杨健、曹缘在跳水十米台赛场上展开了一番神仙打架的角逐。杨健最后展示出全场难度最高的动作，却遗憾摘银。当时因为他没有主动和获得第一名的曹缘拥抱，被部分网民质疑。杨健后来解释："原谅我没能第一时间给你一个拥抱，表达我的祝贺之意。我脑子里一片空白，那种心酸、那种痛苦，真的无法用言语来形容。说实话，那个时候我真的笑不出来。"他的回应非常真诚。

对于我们普通人来说，在键盘上打出"加油，你们都是最棒的"很容易，但对于当事人来讲，消化失败的苦楚却很难。昨天，在会后采访区，有人问张之臻，你要如何庆祝这枚银牌？张之臻苦笑道：也许暂时没有办法享受摘银，他相信通过时间来消化和沉淀，他会为自己的奥运会银牌感到骄傲。哪怕不是奥运会的舞台，我想刚刚输掉比赛的一方都会情绪有些失落，如果有人能不失落，那这胜负欲很难支持他成为一位职业运动员。所以我其实是非常理解，即使中国队包揽金银牌，在领奖台上稍微矮半截的那一方心里的遗憾与不甘。但作为体育迷，能够给予两位参与决赛的运动员支持，我想是最基本的礼仪。

哪怕不是队友，我们都应该对对手保有尊重。我经常在社交网络上看到一些网友表示：我是消费者，我花钱买票，想支持谁就支持谁，想怎么喊就怎么喊。这说法对，也不对。

现场观众自然可以给自己喜欢的选手加油助威，但不能过度应援，以至于影响比赛。更重要的是，体育的本质是通过竞争达成相互欣赏，而不是因为竞争而相互排斥。

结尾

如果体育没让你受到这样的鼓舞，我想也许是你介入运动的方式被一种更加激烈的情感蒙上了滤镜。说是滤镜，其实是哈哈镜，它扭曲了你看到的运动员，也扭曲了看比赛的你自己。

闻所未闻，我是张文，我们下个比赛日再见。

逻辑分析

主要话题：体育的本质与竞争。

次要话题：奥运冠亚军的情感体验与观众态度。

论点：体育赛事应当引发相互欣赏而非相互排斥。

论据：

（1）中国队包揽冠亚军的情感复杂性。

（2）杨健未能获得金牌且未主动拥抱冠军的心酸体验。

（3）观众对于体育的消费态度和应援行为的适度。

（4）强调体育的本质是通过竞争来达成相互欣赏。

结构分析：

（1）开头：介绍体育的真正意义，反对因竞争产生的负面情感。

（2）正文：通过奥运赛场上的实际例子，展示运动员的心理状态和观众的不同反应。

（3）结尾：重申体育的真正价值，呼吁观众正确参与和欣赏体育。

案例解析

《三分钟热度》成功地在短时间内建立情境、提供信息、引发思考，通过精准的内容编排、巧妙的比喻、充满感染力的表达方式，提升了体育音频节目的可听性和传播力。

本期节目通过紧凑的叙述逻辑，将赛事信息与社会价值观结合，以讲故事的方式增强代入感。例如，从"奥运赛场上的哈哈镜"这个比喻出发，主持人逐层剖析观众在观看比赛时可能产生的过度情绪，提醒听众体育的本质应是相互欣赏而非对立。节目避免了单纯的信息罗列，而是通过设问、故事铺陈、观点升华等手法，使听众在短时间内获得思考空间。这种以小见大、层层递进的结构，增强了节目的逻辑性和说服力。

在内容输出方面，节目精准触及体育迷的情感需求，既满足了听众对竞技赛事的关注，也回应了体育文化中的争议点。例如，在中国选手包揽冠亚军的场景下，输掉比赛的一方往往难以立刻接受失利，而部分观众可能以狭隘的胜负观念来看待比赛。节目巧妙地引导听众跳出简单的输赢思维，以更宽广的视角理解竞技体育的意义。这种关注"输家心态"的表达，既能引发听众共鸣，也能引导听众塑造更成熟的体育观。

在语言表达方面，本期节目采用了一种具有"新闻快评"风格的叙述方式，直截了当，观点鲜明，但不失温度。例如："如果体育没让你受到这样的鼓舞，我想也许是你介入运动的方式被一种更加激烈的情感蒙上了滤镜。说是滤镜，其实是哈哈镜，它扭曲了你看到的运动员，也扭曲了看比赛的你自己。"这样的比喻不仅形象生动，而且极具启发性。与此同时，主持人采用对话式的表达，使听众仿佛置身于一场关于体育精神的讨论之中，增强了节目的互动感和亲和力。

在沟通技巧方面，本期节目采用了层层递进的观点铺陈法，先从赛事本身切入，再过渡到运动员心态，最终引向对观众行为的思考。主持人在语调和情绪上张弛有度，在内容推进中也避免说教式表达，而是通过具体案例与听众展开讨论。例如，他并没有直接批评"狂热的球迷"，而是用"哈哈镜"这个比喻，让听众自行思考自己是否曾经在观赛过程中受到情绪的误导。这种隐性的引导方式，比直接表达观点更容易让听众接受，并激发听众深层次的思考。

训练材料

《赛场之外》

1. 观众定位

主要面向15~45岁热爱体育赛事，关注体育文化，对体育精神有追求，且具备一定思考能力的群体。这个年龄段的人热衷于参与体育赛事相关话题讨论，希望通过节目提升对体育的认知。

2. 节目时长

10分钟。

3. 节目内容

列举不同体育赛事中的案例，比如在一场国际足球比赛中，客队球迷对主队球员恶意辱骂，导致场面混乱；或者在一场田径比赛中，观众因支持的选手失利而提前退场，忽视其他选手的努力。分析这些案例中观众行为对运动员、赛事氛围以及体育精神传播的负面影响；深入剖析体育精神的内涵，如公平竞争、尊重对手、团结协作、坚持不懈等。主持人和嘉宾共同探讨如何提升观众素养，倡导体育精神，并呼吁听众从自身做起，在观看体育赛事时践行体育精神，以正确方式支持体育事业发展。

4. 节目风格

语言简洁明了、通俗易懂，避免使用过于专业复杂的体育术语。在讲述案例和分析问题时，语言生动形象，富有感染力，能让听众产生共鸣。与嘉宾交流互动时，语言亲切自然，营造轻松的对话氛围。

案例 2 《观篮高手 NBA》

《观篮高手 NBA》是一档原创的 NBA 播客节目。主持人在每一期节目中给大家带来最深度、最前线、最有味的 NBA 观点。节目内容包括球员排名、经典回顾、球队点评、交易观察以及中美球迷最关心的 NBA 热点话题。节目时长约 45 分钟，更新频率为每周一更。

节目通过专业视角拆解比赛战术、分析球星表现、追踪联盟热点，同时融入趣味话题与幽默互动，为听众呈现一场"硬核又欢乐"的篮球盛宴。每期围绕最新赛事、球队动态、球员故事展开，既有犀利的数据解读，也有接地气的球迷视角，带领听众从赛场内外感受篮球的魅力。下面以其中一期节目为例：

节目内容

NBA 杯四强出炉，哪支球队会笑到最后？[①]

开头

（谈话形式开场，间接式引入）

开花： 阿穆，我知道你非常喜欢凯里·欧文，但是好像欧文又一次在面对雷霆队的重要比赛中消失了。这跟去年的季后赛消失不一样。去年季后赛雷霆队打得不好，还有卢卡·东契奇，还有其他队友，扛过去了。今年卢卡和欧文两个人同时消失，马绍尔带队独木难支，没有办法让球队扛过这一轮。有没有这种感觉？

阿穆： 对，倒不能说是欧文消失吧，因为欧文现在的定位就是一个球队老二的这个角色。包括卢卡不在的这段时间，其实他打球还是比较无私、比较佛系的，进攻欲望就不是很强。这场比赛其实真不应该赖欧文，而是主要赖东契奇。当然这个肯定还是要给到对面的雷霆队。雷霆队这样的防守真的是比去年的季后赛看起来要可怕得更多。

正文

开花： 大家好，欢迎收听新一期的《观篮高手 NBA》，我是开花。

阿穆： 大家好，我是阿穆。

开花： NBA 杯赛，四分之一决赛刚刚结束，分别是东西部有两支球队挺进了半决赛，进入了拉斯维加斯，最终今年成为 NBA 杯赛冠军的争夺者，它们分别是西部的休斯敦火箭队与俄克拉荷马城雷霆队，东部的亚特兰大老鹰队与密尔沃基雄鹿队。那么本期节目，我跟阿穆将会跟大家一起来聊一下这四支球队的晋级之路，并且跟大家前瞻一下接下来两轮比赛到底有哪些重要的看点。

开花： 我们先聊聊最近结束的这两场比赛，分别是亚特兰大老鹰队以下克上，以 108∶100 在纽约淘汰了纽约尼克斯队；另外一场也打得非常焦灼，可以说火药味十足，身体对抗十足，从比分来看，仿佛回到 21

---

① 参见喜马拉雅平台，《观篮高手 NBA》2024 年 12 月 14 日节目，内容有改动。

世纪初的比赛了，金州勇士队惜败休斯敦火箭队。要不我们先从老鹰队和纽约尼克斯队的这场比赛聊起。阿穆，我知道你跟我一样，是非常喜欢杰伦·约翰逊的。看完这场比赛之后，你有没有感觉他是全场的最佳球员？

阿穆：没错，而且从整个赛季来看，杰伦·约翰逊当之无愧地是这支球队的老大。

开花：对，我觉得很多球迷可能会不同意。从气质方面来说，特雷·杨确实更受关注。你问普通的球迷、问路人，谁是今年让大家非常惊喜的老鹰队的老大，大家还会说特雷·杨。但是我同意你的观点，无论是从数据还是从对球队赢球的贡献来说，杰伦·约翰逊绝对是值得称为球队老大的。

阿穆：就像当年的圣安东尼奥马刺队。马刺队得分能力最强、场均得分最多、出手最多、使用率最高的，真不一定是蒂姆·邓肯。但是毫无疑问，蒂姆·邓肯对于这个球队来说是最重要的一个存在。我再说一个数据，杰伦·约翰逊本赛季场均得分、助攻、篮板、盖帽以及抢断，所有项目全都位列联盟的前40。你说吓不吓人？

开花：吓人，而且我相信他本赛季的场均数据，现在来看基本上就是全明星的水平，真的是非常全能。50%的投篮命中率，而且防守表现得非常好，真的接近全明星的水平了。

阿穆：但是你说这场比赛中谁是全场最佳？按照对球队的贡献来说，可能是杰伦·约翰逊。但要论真正让人印象深刻的，我觉得还得是"纽约市长"特雷·杨，他表现得太好了。

开花：其实你看上半场，纽约尼克斯队跟老鹰队打得有来有回。纽约尼克斯队上半场一直是领先的，主要是老鹰队这边球员的手感都非常不好。特雷·杨也是，在上半场的得分非常糟糕。到了下半场，从第三节开始，整个球队从更衣室回来之后就变了状态了。特雷·杨的全场助攻大多集中在第三节，而且球队在第三节的防守也让纽约尼克斯队的进攻一度陷入停滞，所以这场比赛的胜利是靠特雷·杨的得分赢得的吗？我觉得更多是靠球队的整体防守。其实你看这场比赛的对抗，老鹰队这边戴森·丹尼尔斯、扎卡里·里萨谢，再加上杰伦·约翰逊、奥涅卡·奥孔武，还有替补上来、有可能追逐最佳六人的德安德烈·亨特，每个人的防守都让对面的纽约尼克斯队非常难受。

阿穆：没错，这个今年有希望入选最佳防守阵容的戴森·丹尼尔斯也是把联盟前十的球员布朗森防得找不着北，全场只有可怜的 15 投 5 中，拿到 14 分，这和上个赛季的布朗森真是判若两人。

开花：没错，所以真的赢是"纽约市长"赢的吗？从这个戏剧效果上来说，有可能是特雷·杨，在麦迪逊广场花园球馆战胜了纽约尼克斯队。但是我觉得从比赛流程来说，更多是老鹰队集体的防守。尤其是这一波年轻人外线的防守，从内到外的防守，赢下了比赛。其实这跟我们之前印象中特雷·杨领衔的老鹰队是完全不一样的。你把这支老鹰队放在三四年前进东决赛那年，老鹰队赢比赛靠防守，你是没有办法想象的。

阿穆：对，之前的老鹰队基本上就是，我们之前一直说特雷·杨，特雷·杨是一个持球小河。他有大量的占球权，大量的使用率。

开花：而且自己出手也很多。

阿穆：对，他的这个状态好与否就是球队的一个晴雨表。他打得好，球队就能赢；他打得差，球队就不可能赢。我非常同意你的观点，整个赛季老鹰队赢了很多非常漂亮的比赛，击败了很多强队，但印象中击败了强队的这些比赛中，好像真没有哪一个球员是极其突出的。

开花：对，就包括赛季开始没多久，客场赢波士顿凯尔特人队那场比赛，特雷·杨都没有上场。最后是杰伦·约翰逊、戴森·丹尼尔斯，再加上扎卡里·里萨谢一起赢的那场比赛。

阿穆：没错，所以看到这样一支亚特兰大老鹰队，如果你是老鹰球迷，一定会非常开心，因为这样一个球队不但是成绩比之前有明显进步，而且进入了四强，有赢得 NBA 杯冠军的可能性。另外就是从球队的未来发展、建队思路以及观赏性来说，这支球队都比以前更有意思了。

开花：没错，得 NBA 杯冠军我觉得还是有 25％ 的可能性。

阿穆：对吧？四强了对吧？

开花：你是假设剩下来四支球队水平相当，是不是？这 25％ 太夸张了，但是我同意你的观点，从长远角度来看，这支球队还是让人看到了很多未来的希望。当他们在夏天决定交易走德章泰·穆雷的时候，其实很多人觉得老鹰队可能要完蛋了。那现在看来，球队的战绩反倒没有受到影响，而且对于未来更多是让人看到了希望。球队更加年轻化了，而且防守更上了一个台阶。这个老鹰队今年最让我敬佩的一点就是遇强则强，遇弱则弱。之前说过了，老鹰队今年赢这个头部的克利夫兰骑士队，赢波士顿凯尔特人队，所以到了纽约尼克斯队这个客场了，再次印证了面对强敌，面对真的是有夺冠这个野心的球队，我又赢了。所以阿穆，你觉得老鹰队为什么能做到这种遇强则强，遇弱，有的时候真的还挺弱的呢？

阿穆：　不好说。其实从球员实力来看，这支球队可能确实比纽约尼克斯队或波士顿凯尔特人队差一点，还差一两位顶级球员。但华盛顿奇才队是个奇怪的队伍，这两场比赛他们未必赢不了——毕竟之前他们还击败过丹佛掘金队，不是吗？我觉得运气也起了不小作用。

阿穆：　你有没有觉得今年的斯蒂芬·库里，与过去所有赛季，甚至他受伤后的赛季相比，水平和命中率、得分都有所下降？最重要的是，他的求胜欲望明显不如从前，就像我们开头提到的凯里·欧文那种感觉——有时他好像不在乎这球对不对，想打就打，不想打就不打；他更倾向于带动队友。你看这场比赛，无论说库里打得差还是打得好，他全场也就十几分。

开花：　而且关键的第四节，如果没记错，库里在第四节应该好像只得了三分。就是关键时刻球队需要你，而且只有你来可以终结比赛的时候，库里反倒是哑火了。所以你说他是不是没有这个欲望？我觉得是不可能的，但是我觉得更有可能是有点力不从心了。就是库里必须是要有进攻的欲望的，因为这支球队说到底还是库里一个人支撑球队进攻的。他知道要赢球，必须自己进攻给球队打底。不是说以前能拿30分、40分，但是至少20多分的这个底子是要有的，对吧？他现在到这种关键的一场定胜负的比赛有热心，我觉得可能没有这个力气了。

阿穆：　我看一下库里这赛季的数据，有的说得分低，命中率低，可能就是球员这个手感不好，可能只是前面的四分之一赛季，后面会找回来。但是我比较在意的是他的场均出手次数，场均出手16.6次，上赛季19.5次，在前个赛季20.2次，再往前是19.1、21.7，这次是过去这几年里最低的一次，而且比之前最低的可能还要降大概20%到25%的场均出手次数，我觉得这个是我比较看重的。

开花：是，其实赛季初的成功，库里出手少，但是其他持球多点，去掩盖了这个问题，或者说是解决了这个问题。包括当时的希尔德的状态，非常好，梅尔顿打得非常好，库明加也是状态时有时无。

阿穆：但是维金斯状态非常好。

开花：对，维金斯状态非常好。那到了现在，这些球员分担库里负担的球员，状态逐渐下滑了。

阿穆：或者说趋于正常了。

开花：也有可能是趋于正常了，导致金州勇士队的这个问题越发明显了，又回到去年的感觉了，有没有？

阿穆：是的。

开花：所以这其实就引出了我们今天除了那四支球队外，想重点讨论的另一个话题——也是最近大家讨论非常多的一点："吉米到底会去哪？"据媒体报道，吉米·巴特勒现在跟迈阿密热火队已经基本摊牌了，他给出了三个交易目标球队，后来又新增了一个。三个原本的交易目标当中，有两支正好是我们今天讨论过的：休斯敦火箭队、金州勇士队，还有一支是接下来我们要聊的达拉斯独行侠队。那第四支是谁来着？

阿穆：菲尼克斯太阳队，或者纽约尼克斯队。

开花：对，菲尼克斯太阳队和纽约尼克斯队都是西部季后赛级别的强队。既然现在话题已经转到了金州勇士队，那我们就顺势聊聊这个"金巴特"组合的话题吧。这四支球队里，究竟谁最靠谱？谁最需要巴特勒？谁最有可能得到他？

阿穆：在有詹姆斯那则传闻之前，我就一直在说：金州勇士队最该追的就是巴特勒。没能搞定劳里·马尔卡宁，那就更说明吉米·巴特勒才是最适合他们的。如果我是金州勇士队管理层，肯定会主动联系吉米·巴特勒的经纪人，甚至直接打电话给帕特·莱利。

开花：其实我也觉得，从这场失利之后就更明显了：库里身边真的需要另一个持球发起点。一个能打硬仗、能发动进攻的人。吉米·巴特勒也许真的就是那个"解药"。但问题是——金州勇士队拿什么去交易他？愿意为了他付出多少代价？

阿穆：现在金州勇士队已经被打成这样了，还不搏一搏？

开花： 是不是连球星卡的"卡价"都要崩盘了？

阿穆： 可能已经崩盘了。

开花： 都打五折了。为了巴特勒，可能要把波杰姆斯基、维金斯，甚至可能还得加上库明加打包送出，对吧？

阿穆： 大概是这样一个情况，或者说，现在的吉米·巴特勒真的没有那么"贵"了，毕竟他已合同到期，甚至可能交易起来都不需要复杂的薪资匹配计算。

开花： 但这恰恰是我对金州勇士队最大的担忧。迈阿密热火队特别是总裁帕特·莱利，做交易从来都不是做亏本买卖的人。虽然巴特勒是合同到期，有可能明年夏天不开心就走人，但想用一个维金斯，加上波杰姆斯基就打发迈阿密热火队？我觉得他们很可能会狮子大开口。

阿穆： 再多加一个穆迪，就不能再多了。

开花： 如果是维金斯、波杰姆斯基和穆迪，我觉得还是值得考虑的。但问题是穆迪能不能被交易还不一定。

阿穆： 对，穆迪刚刚续约，我不太确定他现在是否在赛季中可以被交易，还是要等到某个特定时间窗口。反正大致的交易框架应该就这样，不能再多了。

开花： 我基本上同意你的判断。但从另一个角度说，休斯敦火箭队也应该去争取一下巴特勒。相比金州勇士队，休斯敦火箭队这边能出的筹码可能更多，而且薪资结构也更灵活。虽然贾巴里·史密斯和杰伦·格林刚刚续约，暂时不能被交易，但休斯敦火箭队其他年轻资产还是一大把，对吧？他们能拿出的"诚意筹码"绝对比金州勇士队多。

阿穆： 是的，从逻辑和配置上来说，休斯敦火箭队交易巴特勒没有问题。这等于是把狄龙·布鲁克斯或范弗利特"升级"为巴特勒，本身没有什么毛病。但问题在于，休斯敦火箭队目前战绩这么好，化学反应也很强，尤其是我们提到的狄龙和范弗利特，乌度卡用得非常狠，说明这些老将是他极度信任的核心球员。所以在这个节骨眼上去拆掉核心阵容，破釜沉舟去换巴特勒，确实是有不小的风险。我认为休斯敦火箭队管理层不一定愿意冒这个险。

开花： 再大的风险，只要有机会能把狄龙·布鲁克斯换成吉米·巴特勒，就应该去尝试。哪怕给你 100 次这样的机会，也应该 100 次都试一试，对吧？我想象的剧情是这样的——休斯敦火箭队可能真的一路打进了 NBA 杯决赛，对手可能是老鹰队或雄鹿队，结果输得"失之交臂"，甚至止步于决赛门口。

阿穆：哪怕是一轮输给雷霆队，输了也叫败而不辱，对吧？

开花：然后球队会意识到——虽然我们很年轻，虽然现在成绩很好，但我们离真正的冠军、离联盟巅峰，其实已经如此接近。如果现在不冲刺，不升级一次，那还要等到什么时候？

阿穆：我觉得休斯敦火箭队不会出手。今年这支火箭队，就像去年的雷霆队一样，其实还是处在一个观察期。球队太年轻了，有足够的时间去慢慢成长。现在这个阶段去冒险，完全没有必要。除非你说的是"字母哥"要交易，那当然得立刻出手，对吧？像"字母哥"这种级别的球员，等不了也不该等。但对于吉米·巴特勒这种等级的球星，我认为今年的火箭队是不会动的。

开花：所以我觉得这场比赛，老鹰队真的可能会再次带来惊喜。那西部这边，雷霆队和火箭队这两个老对手，到底谁会胜出呢？

阿穆：其实就账面实力和球星成色来看，雷霆队肯定是占优势的。上场比赛，谢伊·吉尔杰斯·亚历山大拿了 39 分。那问题来了："为什么他能打得这么好？"要知道去年季后赛，达拉斯独行侠队可是把他限制得相当好。这场比赛之所以他打得这么顺，主要原因就是达拉斯独行侠队那两个最擅长防守亚历山大的球员——小德里克·琼斯和 P.J. 华盛顿都没打。这两人曾是专门主防他的，所以你说现在达拉斯独行侠队谁来防亚历山大？格莱姆斯、马绍尔，这两个？

开花：这也正是这支达拉斯独行侠队夏天运作后留下的最大疑问：引进了克莱·汤普森，没问题，但外线三人组现在一个都不是以防守见长的。那谁来填补去年德里克·琼斯离队后的防守空缺？没有答案。

阿穆：现在是让格莱姆斯领防，马绍尔换防，是吧？他们的防守能力，我觉得还不错，尤其是格莱姆斯。但说实话，他们的防守水平放到火箭队阵容里，可能连前八都排不进。你想想看亚历山大要面对谁：范弗利特、狄龙·布鲁克斯、塔里·伊森、阿门·汤普森……你再强也得脱层皮，对吧？所以如果火箭队这边能稍微限制一下亚历山大，我认为他们还是有机会的。我坚持我之前的预测——火箭队能赢，而且有望一路夺得NBA 杯冠军。

开花：　你的预测确实够大胆的，但我认为最强的球员仍在雷霆队，关键比赛还是要看关键球星。我相信雷霆队能在亚历山大的带领下继续打出 MVP 级别的表现。最后如果决赛是雷霆队对阵老鹰队，说实话，老鹰队夺冠的希望就不大了，真的没戏。

结尾

开花：　各位听众朋友，你们心中 NBA 杯赛接下来拉斯维加斯的三场比赛，到底谁能笑到最后，也是欢迎大家在留言区中告诉我们。在杯赛的决赛结束之后，我跟阿穆也会在第一时间给大家带来关于杯赛决赛的回顾。再次感谢各位听众朋友的支持，我们下期再见。

阿穆：　再见。

（背景音乐减弱）

逻辑分析

核心话题：
NBA 杯赛四强球队（火箭、雷霆、老鹰、雄鹿）的晋级表现与冠军前瞻。
次要话题：
（1）球星状态分析（如欧文、库里、杰伦·约翰逊等）；
（2）球队战术与阵容短板探讨（如勇士队缺乏第二持球点、老鹰队防守能力的提升）；
（3）交易市场动态分析（聚焦吉米·巴特勒的潜在下家与交易价值）。
论点与论据：
论点 1：老鹰队的团队防守和年轻化是本赛季成功的关键。
论据：
（1）杰伦·约翰逊贡献全能数据，防守端存在感强；
（2）在击败纽约尼克斯队的比赛中，戴森·丹尼尔斯有效限制贾伦·布伦森的发挥；

（3）相较于过去依赖特雷·杨的单核打法，如今的老鹰队进攻体系更趋均衡，团队协作性显著增强。

论点2：勇士队需要第二持球点，吉米·巴特勒是潜在解决方案。

论据：

（1）斯蒂芬·库里本赛季场均出手数仅16.6次，创近六年新低，显示其进攻负担过重；

（2）多位角色球员状态不佳（如安德鲁·维金斯、布兰丁·波杰姆斯基），造成进攻体系崩溃；

（3）吉米·巴特勒具备关键时刻"硬解"能力，有望成为勇士队进攻端的稳定第二发起点，缓解库里的压力。

论点3：火箭队与雷霆队的胜负关键在于亚历山大的限制。

论据：

（1）雷霆队在进攻端高度依赖谢伊·吉尔杰斯·亚历山大，其曾在关键比赛中砍下39分，主导胜负；但火箭队拥有狄龙·布鲁克斯、弗雷德·范弗利特等多位强力外线防守球员，可对其形成有效压制。

（2）独行侠队在与雷霆队交手时，由于小德里克·琼斯与P.J.华盛顿缺阵，失去了限制亚历山大的防守核心，导致防线崩溃，堪称前车之鉴。

案例解析

本期《观篮高手NBA》节目围绕NBA杯赛四强展开，主持人开花与阿穆的对谈堪称一场既专业又接地气的篮球圆桌讨论。节目以"欧文消失"这一调侃作为切入点，巧妙地以段子破题，不仅打破了高阶数据分析所带来的距离感，也让球迷更容易产生代入感。这种看似轻松的闲聊开场，实则层层埋有"包袱"——用球迷熟悉的语言与语速铺垫，为后续严肃的战术分析做出自然过渡。

在探讨老鹰队的表现时，节目没有拘泥于传统的比赛复盘模式，而是另辟蹊径地将杰伦·约翰逊比作"新一代的邓肯"。这种类比不仅赋予球员更多形象深度，也唤醒了资深球迷对"马刺篮球"的集体记忆，让内容更具共鸣。当谈到老鹰队赢球的关键时，开花提出"特雷·杨戏剧性强、防守才是真正制胜之道"的观点，阿穆则从数据和比赛节奏出发进行反驳。两人你来我往，既有对垒感，也促使听众从不同维度建构起更完整的认知框架。

节目对勇士队现状的分析亦颇具洞察力。当多数媒体还停留在"库里得分下滑"的表象时，主持人敏锐地捕捉到其"场均出手次数创六年新低"这一关键数据，并将其与克莱·汤普森离队后的进攻结构变化联系起来。这种跳出"状态下滑"叙事范式的分析，成功揭示了更深层次的战术转型逻辑，体现出其别具一格的观察视角。

在讨论"吉米·巴特勒将加盟何队"的热门话题时，两位主持人更是通过角色扮演的方式模拟总经理交易谈判场景。诸如"卡价崩盘""配平合同"等术语调侃，看似朋友间的玩笑，实则暗含交易机制的核心逻辑，使听众在轻松氛围中也能理解复杂的 NBA 薪资规则。这一段精准体现出节目"硬核也能好玩"的定位风格。

而节目最具分量的部分，落在对火箭队与雷霆队对决的分析解读上。两位主持人不仅结合当前球员状态与战术数据展开讨论，还回溯了去年季后赛中独行侠队防守战的关键细节，特别指出小德里克·琼斯与 P. J. 华盛顿的缺阵对雷霆队进攻形成了实质性放松。这种以历史佐证现实的分析方式，使逻辑链条更具层次感，最终将胜负关键精准凝练为"限制亚历山大"，形成闭环逻辑，既自然又有说服力。

最后，节目并未匆匆收尾，而是顺势抛出"你心中谁能问鼎杯赛？"的开放式话题，引导听众在评论区持续互动。这种设计不仅拉近了与用户的情感距离，也促使内容延伸为社区讨论，实现了从深度内容输出到用户参与的自然转化。

训练材料

《体育快讯》

1. 观众定位

热衷于追踪国内外体育新闻动态与幕后趣闻，偏爱轻松愉悦、富含幽默元素的节目风格的听众。

2. 节目时长

7分钟。

3. 节目内容

汇总并快速播报近期国内外体育快讯，包括赛事结果、运动员动态等。选取一两条体育新闻进行评说，以幽默的方式点评或调侃。邀请嘉宾或听众进行互动，分享他们的看法或提供其他有趣的体育话题。

4. 节目风格

语言应简洁明了，播报快速准确。评说部分应轻松幽默，不失时机地插入笑点。节目整体氛围应活泼有趣，吸引听众的注意力。

案例3 《足球咖啡馆》

《足球咖啡馆》是一档观点独立、内容原创的播客节目。"足球小世界，世界大球场，一杯咖啡的时间，陪你聊足球，但不止于足球。"节目实现了从"赛事播报"到"足球生命体验馆"的进化，成为球迷心中的"移动足球圣殿"。

节目时长约30分钟，更新频率为每周两更。节目以"咖啡闲谈"的松弛感解构足球世界，通过赛事复盘、人文叙事与本土情怀串联，打造"专业深度＋市井温度"的足球文化客厅，传递"足球是生活，更是记忆"的沉浸式体验。下面以其中一期节目为例：

节目内容

C罗说得对，他从没输过上半场[1]

开头

足球小世界，世界大球场，一杯咖啡的时间，陪你聊足球，但不止于足球。2025我们继续一起看球、聊球、追球。

---

[1] 参见喜马拉雅平台，《足球咖啡馆》第475期节目，内容有改动。

主持人：（要点总结）四场强强对话，三场加时赛，两场点球大战，还有两场逆转，只为一个冠军，（提问式开头）今年的欧国联怎么打出了欧冠的感觉？德国、葡萄牙、法国、西班牙挺进四强，克罗地亚、荷兰又称悲情英雄莫塔下课、图多尔上任，尤文图斯为什么打破了赛季中途不换帅的惯例？更多精彩内容尽在本期《足球咖啡馆》。

正文

主持人：听众朋友们大家好，欢迎收听今天的节目。冯老师，您好！今天凌晨这四场欧洲国家联赛（UEFA Nations League），怎么看着有点像欧冠的感觉？

冯老师：林子好，听众朋友们大家好！确实，有那么点欧冠的味道。你看，这几年欧国联刚推出的时候，大家还在吐槽这是不是"鸡肋赛事"。但今年引入了四分之一决赛，还采用主客场两回合制，这不就直接拉满欧冠既视感了嘛！

上周是首回合，可以说是"上半场"，这周的第二回合就是"下半场"。C罗在首回合客场 0：1 输给丹麦队之后，在备战次回合时还说了一句话我印象特别深，他说："我肯定输过整场比赛，但我从没输过上半场。"这话挺有哲理的——上半场落后不等于全盘皆输。果然，C罗和葡萄牙队今天就完成了对丹麦队的逆转，成功晋级欧国联四强！

而且不只是葡萄牙队，今天凌晨这四场欧国联四分之一决赛的次回合，都打得非常精彩。法国队也完成了逆转，真的是——说实话，为卢卡·莫德里奇感到非常心疼，又一次与欧国联冠军失之交臂。虽然这次止步八强，没上次那么接近（上一届是决赛点球输给西班牙队），但这次他们首回合 2：0 领先，结果竟然被法国队翻盘，太遗憾了。

主持人：真的是有点可惜。

冯老师：还有德国队这边，德国队对意大利队，原本 3：0 领先，一度看起来胜券在握，结果被意大利队连追三球，3：3……好在总比分上德国队还是有优势，惊险晋级。

还有一场，西班牙队对荷兰队。这场打到了点球大战。荷兰队的马伦罚丢了点球，西班牙队这边佩德里最终淘汰荷兰队，挺进四强。

这四场比赛，真的是精彩又惊心动魄，每一场都不容错过！说到西班牙队，我这两天还穿着西班牙队的球衣去北京一个原生态公园跑步……今天我就在想，我是不是不该穿这件球衣，居然就被西班牙队以这种方式淘汰了，总觉得有点不甘心啊。

主持人：是啊，而且我看到你昨天还去了工体，专门去买了新赛季的球衣？

冯老师：对，确实是因为这周末——3月29号星期六，北京国安就要迎来2025年中超的首个主场比赛，对手是成都蓉城。但可惜我赶不上这场比赛了，我在北京的时间不凑巧，所以就想着，昨天正好要去三里屯，就干脆早点过去，顺路去买件球衣。其实也不止一件，我买了好几件，因为有几个国外的球迷朋友托我一定要帮忙带球衣回去。我给自己买的球衣后面还印了号码、印了名字。然后我就去工体外面走了走，拍了几张照片。虽然这几天没有比赛，但我还是想回家、回工体看看。因为这座球场，真的是承载了我们太多的回忆和期待。我们共同的好朋友、北京国安最死忠的球迷之一——杨雪，已经离开我们快一年了，真的非常令人怀念。还有国安梯队的小将郭嘉璇，也刚刚离世，所以说这个地方有太多的故事、太多值得我们怀念的人。而与此同时，工体也承载着很多希望和期待。

说到工体，其实它几乎见证了整个中国足球的历史。每当我们对中国足球还有一点期待的时候，这座球场就会成为寄托希望的地方。所以，我觉得走到工体，不仅仅是因为北京国安的情感纽带，更多是关于中国足球的记忆与情怀。比如2004年的亚洲杯，很多重要的比赛也都是在这里踢的。我想，所有长期关注中国足球的球迷，都会理解这种感觉。所以昨天我去了趟工体，更多是去走一走、看一看，和过去的自己，也和这座球场，好好打个招呼。

主持人：对，每一次走进工体，真的都是满满的感慨，有太多故事、太多回忆了。那我们该进入今天的"三大名场面"环节了！这次欧国联的名场面，真的太多太多了，真是选不过来。

冯老师：那我们就从第一名场面说起。德国队和意大利队3：3战平的这场比赛中，有一个非常精彩的进球。那球是基米希快发角球，助攻穆西亚拉破门。当时大家都以为基米希要按常规方式慢慢把球摆好发角球，意大利队门将唐纳鲁马也在组织后防线，还在跟队友交流怎么站位。结果，基米希突然快发，穆西亚拉直接打空门得分。这个球不仅战术执行得巧妙，而且电视转播画面都没跟上，镜头还在拍唐纳鲁马安排战术的时候，球已经进了。这真的是一个非常有趣、非常经典的快发角球配合，所以我们把它列为第一名场面。

主持人：那第二名场面给谁呢？

冯老师：第二名场面来自法国队对克罗地亚队的比赛。说实话，我是真的很希望克罗地亚队这次能走远一些，最好能让莫德里奇圆一个欧国联冠军梦。但可惜，这次他们又遗憾出局了。

不过这场比赛法国队踢得真的不错，尤其是下半场。当时总比分法国队 0：2 落后，比赛还是 0：0 僵局。打破沉默的，是来自拜仁慕尼黑的攻击手——奥利塞。他主罚了一个直接任意球，皮球应声入网。克罗地亚队门将利瓦科维奇完全没反应——要知道，他整场表现都很出色，但对这个任意球真的是一点办法都没有。而且就在这个进球之后，奥利塞又助攻登贝莱打进第二球，法国队 2：2 扳平总比分，比赛也被拖进了加时战和点球大战。所以第二名场面毫无疑问属于奥利塞！

主持人：如果说基米希是德国队的关键先生，奥利塞是法国队的关键先生，那葡萄牙队逆转的关键人物就是特林康了！

冯老师：没错，今天的葡萄牙骑兵就是特林康！他在第 81 分钟替补登场，结果第 85 分钟就破门得分，一脚漂亮的禁区边缘凌空爆射，直接扳平了两回合总比分。这个进球让葡萄牙队在常规时间占得先机，把比赛拖进了加时。而加时刚开始，进球的又是——特林康！梅开二度！正是他的两次进球，帮助葡萄牙队完成对丹麦队的逆转，晋级四强。所以这就是我们的第三名场面。

主持人：这"三大名场面"都被欧国联承包了呀！

冯老师：那我们干脆别光说欧国联的名场面了。今天就单开一个小栏目，叫"欧国联之外的三大名场面"，你觉得怎么样？

主持人：好呀，那第一个说哪个？

冯老师：我们来聊一个中北美洲国家联赛的名场面。其实上期节目我们就提到过，这个"中北美及加勒比海国家联赛"有点像欧国联的中美洲版本。上周进行了半决赛，很多人都期待看到"美国 VS 墨西哥"或者

"美国 VS 加拿大"的决赛，结果——美国队在半决赛0∶1输给了巴拿马队。要知道就在赛前，美国队主教练波切蒂诺还信心满满地表示："未来10到15年，美国队要成为世界第一。"结果转头就被淘汰。

我要说的这个名场面，是比赛0∶0进入伤停补时阶段时，巴拿马队球员沃特曼完成绝杀进球！更有意思的是，进球后巴拿马队的球员们直接冲向解说席庆祝——你猜坐在解说席上的是谁？

是的，法国传奇球星亨利！

他们居然围着亨利庆祝，场面非常魔性。你看，一般球员哪有时间去管解说席是谁坐着，但他们显然知道——"那是亨利！"所以我觉得这个场面太好玩了，太有记忆点了。而且，巴拿马队在最近几年已经三次击败美国队了：一次是金杯赛、一次是去年美洲杯，现在又是中北美国联，简直成了美国队的苦主。目前决赛正在进行中，对手是墨西哥队。我们录节目的这个时候，比赛已经进行到第76分钟，比分是1∶1，谁夺冠还真不好说！

主持人：一会儿录完节目，我刚好还能接着看比赛，应该还没结束吧。

冯老师：除非进入加时赛或者点球大战你才能赶上看。如果常规时间结束得早，那我们这边估计就赶不上直播了。

主持人：那我们再说最后一个名场面，是谁呢？

冯老师：最后一个名场面来自南美。在前几天巴西队2∶1战胜哥伦比亚队的比赛中，比分曾一度是1∶1。上半场，拉菲尼亚打进点球，为巴西队先拔头筹，随后哥伦比亚队的路易斯·迪亚斯扳平比分。正当比赛看似将以平局收场时，维尼修斯站了出来，在最后阶段完成绝杀，帮助巴西队全取3分。这个进球不仅帮助巴西队赢下关键战，也基本锁定了2026年世界杯的出线名额。虽然理论上还未完全晋级，但看看南美区预选赛的积分榜就知道：巴西队排在第3位，积21分，领先第7名玻利维亚队8分，而预选赛只剩下5轮。说实话，巴西队基本上稳了。

还记得去年这时候，咱们还在讨论巴西队是不是进入了低谷，是不是连进世界杯都有点悬。那时候确实有点担心。但从目前来看，巴西队的状态正在回升，这场战胜哥伦比亚队的比赛无疑是一个重要信号，对巴西足球来说非常关键。

主持人： 是的，今天我们一共聊了六个名场面，覆盖了欧洲、南美、亚洲和中北美洲，可谓全球联动、看点十足！在节目结束之前，其实我还有一个话题想补充一下，刚才来不及说。我们前面聊的，都是国际比赛日的国家队话题——无论是欧洲、南美、北美还是亚洲。但就在这个国际比赛日期间，俱乐部层面也发生了一件大事：尤文图斯官宣换帅，请回了昔日旧将、曾任助教的图多尔。

这事为什么值得一说呢？因为尤文图斯历来有"赛季中途不换帅"的传统。但这次，他们打破惯例，果断换帅，说明形势已经非常严峻。国际比赛日之后，莫塔下课，图多尔上任。俱乐部做出这个决定，是因为无法接受如果莫塔继续执教、球队最终无缘下赛季欧冠的局面。无论是从品牌价值、经济收益，还是整体战略层面来看，进欧冠对尤文图斯太重要了，根本输不起。

最近尤文图斯在意甲联赛连续失利——0：4惨败亚特兰大、0：3负于佛罗伦萨。而且众所周知，尤文图斯与佛罗伦萨之间还有不少历史恩怨，这场失利可谓雪上加霜。再加上欧战层面，尤文图斯在首回合2：1领先的情况下，客场被埃因霍温逆转淘汰出局，这些连续的打击，让这次国际比赛日成为他们"夏窗之前唯一可换帅的窗口"。最终，尤文图斯打破传统，选择"破而后立"。图多尔是一位有能力的教练，曾经是尤文图斯球员，也做过助理教练，了解俱乐部文化。接下来就看他能不能把手里的这副牌打好了。

结尾

主持人： 其实手里边的牌，我觉得真不错，无论是小孔塞桑、耶尔德兹，还是租借过来的科洛·穆阿尼，尤文图斯现在是有牌的，关键是能不能把牌打好。

咱们今天就说到这儿，下期再见。

逻辑分析

主要话题：

欧国联赛事为何在本届展现出欧冠级别的激烈竞争？

次要话题：

（1）足球文化的地域差异（欧洲、南美、中北美球队的不同风格）。

（2）俱乐部与国家队的矛盾（尤文图斯破例换帅反映的竞技压力）。

（3）足球与城市记忆的联结（北京工体承载的本土足球情感）。

论点与论据：

论点 1：欧国联的赛制改革提升了赛事竞争力。

论据：

（1）本届新增四分之一决赛主客场制，模仿欧冠淘汰赛模式，使比赛悬念倍增（如法国队逆转克罗地亚队、葡萄牙队加时绝杀丹麦队）。

（2）C 罗"我从没输过上半场"的言论，凸显两回合赛制的心理博弈，强化赛事戏剧性。

论点 2：欧洲足球的战术创新在小国球队中显现。

论据：

（1）德国队基米希"快发角球"打破常规，反映现代足球对瞬时机会的捕捉（对比意大利队门将唐纳鲁马的传统防守准备）。

（2）法国队奥利赛从边锋转型为任意球主罚手，体现球员多功能化趋势。

论点 3：足球文化差异影响球队表现。

论据：

（1）克罗地亚队的"悲情英雄"形象（莫德里奇）与法国队"冷血逆转"的对比，体现欧洲拉丁派与实用主义的碰撞。

（2）巴拿马队球员绝杀后与解说席亨利庆祝，凸显中北美足球的草根狂欢气质，反衬美国队"精英化"路线的失败。

论点 4：俱乐部传统在竞技压力前的妥协。

论据：

（1）尤文图斯打破"赛季中途不换帅"传统，因欧冠资格的经济价值远超历史惯性（近期 0∶4 负亚特兰大、欧冠出局）。

（2）主持人对比尤文图斯"手里有好牌"（伊尔迪兹、小基耶萨）与教练莫塔的用人争议，揭示现代足球成绩至上的残酷性。

案例解析

《足球咖啡馆》本期围绕 2025 年欧国联四强战展开，在"赛事复盘"与"情感叙事"之间搭起桥梁，完成了一次从数据分析到城市记忆、从战术细节到足球哲学的多维叙事。主持人林子与冯老师以"喝咖啡聊足球"的松弛语态，将"欧冠级别的欧国联"娓娓道来，把紧张赛况拆解成生活感十足的谈资，既保持了专业分析的深度，也提供了社群共享的温度。

节目开篇，主持人以一句"今年的欧国联怎么打出了欧冠的感觉？"抛出整集核心悬念，迅速引发好奇。冯老师则顺势引出"四分之一决赛＋主客场两回合"的改革，使听众在轻松语境中理解赛事机制转变背后的竞技逻辑。C罗那句"我从没输过上半场"不仅化为节目标题，也成为全篇的情绪引线——一种既不认输又懂博弈的运动员哲学，贯穿了整集。

在战术层面，《足球咖啡馆》并不拘泥于传统复盘框架，而是借助关键时刻的"名场面"进行叙事推进。例如，基米希快发角球与穆西亚拉空门破门，成为"快思维＋战术执行"的典范案例；法国队奥利塞的任意球＋助攻连环打击，则将比赛走势和球员转型结合讲述，强调了"球员多功能性"与胜负节点的关联。主持人并非单向输出，而是不断切换"讲战术"与"讲故事"的频道，使听众始终保持关注。

节目的中段，是一场关于"记忆"的突围。冯老师借"去工体买球衣"展开，带出了关于北京国安、杨雪、郭嘉璇、2004 年亚洲杯等中国足球共同休记忆的温柔回顾。这一段从比赛本身"跳格"至球迷情感场，打破了体育节目的纯竞技逻辑，强化了《足球咖啡馆》一贯主张的"足球不止于球场"的价值立场。这种人文维度的介入，使节目呈现出"故事型播客"的沉浸质感。

值得注意的是，节目在后半段巧设"欧国联之外的三大名场面"环节，拉开地域视角，将中北美（巴拿马队绝杀美国队）与南美（维尼修斯绝杀哥伦比亚队）纳入讨论。这种地域跳跃不仅拓展了节目视野，也带出"草根与巨星""传统与新势力"的对比线索，使全球足球版图在一个节目时长内得到巧妙勾勒。特别是巴拿马队球员冲向解说席、围着亨利庆祝这一幕,既荒诞又可爱,不仅形成记忆点,也体现了节目对"足球奇观"的敏锐捕捉力。

在收尾部分,《足球咖啡馆》没有止步于名场面回顾,而是引入尤文图斯"打破传统换帅"的现实决策,作为节目最后一个锚点。这一转场不仅让节目触达"俱乐部经营"层面,更将"图多尔能不能打好手里的牌"作为延续性话题抛向听众,强化了内容的思想张力与参与感。

整体而言,这一期《足球咖啡馆》完成了一次从体育战报到文化叙事的"转译型播音"实践。它用松弛感替代紧迫感,用对谈感替代权威感,将足球赛事实时性转化为听觉媒介中的延时记忆,让听众在笑声、感慨、争论与缅怀中,完成一场真正的沉浸式球迷漫游。

训练材料

《赛事解读与热评》

1. 观众定位

关注体育赛事,希望深入了解比赛细节的听众。对体育评论和赛事分析感兴趣的听众。

2. 节目时长

8分钟。

3. 节目内容

选择一场近期热门的体育赛事进行详细解读,包括比赛过程、关键时刻、运动员表现等。对比赛进行热评,包括战术分析、运动员状态以及比赛影响等。开放听众提问环节,解答听众对于赛事的疑惑或提供不同观点。

4. 节目风格

语言应清晰准确,能够提供专业的赛事解读。评论部分应客观公正,同时不失个人观点和见解。节目应具有一定的互动性,鼓励听众参与讨论。

第九章 广播剧音频节目创作分析与实训

广播剧作为广播文艺节目中的重要类型，通过声音塑造人物、构建情节，传递丰富的艺术感染力。其创作涉及语言艺术与表达方式、文本创作的生动性及审美标准、主持人的语言技巧与表现力等多个方面。在有限的时间内，以纯粹的听觉形式展现文本的魅力，是广播剧创作者面临的重要任务。

一、广播剧音频节目的语言艺术与表达方式

广播剧的语言风格兼具叙述性和表现性，以声音塑造人物、推动情节、展现情感，增强听众的沉浸感。在表达方式上，广播剧主要依靠旁白、对白、独白三种形式。其中，旁白承担交代故事背景、转换时间等功能，以简练、生动的语言带动听众进入故事情境。对白是人物塑造的核心，通过语言个性、语音特征、语调变化等手段，使角色性格更加鲜明。而独白则强化人物的内心活动，增添戏剧张力，使听众更易产生共鸣。同时，广播剧的语言表达方式需符合听觉传播的特点，避免过度依赖视觉描写，要注重声音元素的铺陈，如节奏变化、重音处理、停顿运用等，以提升语言的表现力。此外，音效、背景音乐的配合也是增强叙事氛围的重要手段，通过环境音、氛围音乐等，塑造更具沉浸感的听觉体验。

二、广播剧音频节目文本创作的生动性和审美标准

广播剧文本创作的核心在于如何通过有限的语言呈现丰富的故事内容，使听众在听觉层面获得生动的戏剧体验。

首先，文本创作时应注重情节的紧凑性和节奏感，以确保故事的连贯性和吸引力。广播剧不同于影视剧，无法通过画面展现细节，因此需要通过精准、

生动的语言描绘场景，使听众能够在脑海中形成具象化的画面。

其次，文本的审美标准需要符合广播艺术的特性，既要满足叙事的逻辑性，又要注重声音美学的构建。美学研究认为，艺术作品的感染力来源于"移情作用"与"审美距离"的结合。在广播剧创作中，移情作用通过情感化的语言表达，使听众与角色建立情感联系；而审美距离则通过合理的叙事设计，使听众在享受艺术魅力的同时，保持一定的思考空间。

最后，文本创作还需考虑戏剧冲突的塑造。戏剧性是广播剧吸引听众的重要因素，借助对话的张力、情节的层层推进，形成强烈的戏剧冲突，使听众沉浸其中。例如，在创作悬疑、惊悚类型的广播剧时，可以通过隐含性叙述、反转情节等方式增强故事的悬念感；而在浪漫题材的广播剧中，则可借助内心独白、细腻的对白刻画人物情感，使听众更易投入情境中。

三、广播剧音频节目主持的语言技巧与表现力

主持人在广播剧中的角色并非传统意义上的节目主持，而是承担着叙述者、引导者甚至特定角色的职能。因此，主持人的语言表达技巧不仅影响节目的流畅度，也直接决定了故事的感染力。

首先，主持人的语言应具备叙述感与画面感。通过有层次的语调、恰当的节奏变化，听众在听觉上获得了视觉化的体验。例如，在描绘一场惊险的追逐戏时，主持人的语速可以逐渐加快，并结合短促的停顿制造紧张感；而在描写温情场景时，则可放缓语速，适当增加留白，以增强情感表达的细腻度。

其次，主持人的语言表现应富有情感感染力。声音是广播剧最主要的信息载体，主持人需要通过音调、音色、语气的变化，使听众在没有画面的情况下，仍能感受到人物的情感变化与情节的起伏。例如，在角色对白中，主持人需根据不同角色的性格特点调整声音特质，使角色区别更加鲜明，而在旁白部分，则需保持相对客观的叙述基调，以确保故事的完整性和连贯性。

再次，主持人的即兴表达能力也影响着广播剧的整体节奏。由于广播剧创作具有一定的现场性，主持人需要具备快速调整表达方式的能力，能够根据剧情发展适时调整语气和情绪。例如，在直播形式的广播剧中，如果某段对白需要增加紧迫感，主持人可以灵活调整语调，使其更贴合故事氛围；而在需要铺垫情绪的场景中，主持人则可以适当延长停顿，以增强戏剧张力。

最后，广播剧作为音频节目中的一种重要形式，在创作过程中既要遵循广播叙事的基本原则，又要充分发挥声音艺术的魅力。无论是语言艺术的运用、文本创作的生动性与审美标准，还是主持人的表达技巧与表现力，都是决定节目质量的关键因素。随着融媒体环境的发展，广播剧在音频平台、社交媒体等多元化传播渠道中的应用将更加广泛，其创作方式也将不断创新，为听众带来更丰富的听觉体验和艺术享受。

四、广播剧音频节目案例解析与实训

案例1　《三国人物志》①

本节目以声音为媒介，带领听众穿越时空，感受三国风云变幻中的英雄豪情与历史厚重。

节目时长约 6 分钟。节目以历史主线为基础，尊重正史记录，情节推进流畅，故事衔接自然。通过配音艺术，如曹操的豪迈粗放、士兵的喊杀声等，结合后期音效，生动还原人物特色及战场氛围，增强听众的沉浸感。人物对话采用生动的问答形式，辅以解说词穿插，既展现人物间的言语对峙，又对历史背景进行深入解读，实现声音与历史的双重创作。

节目内容

三国人物志

案例解析

《三国人物志》之《曹操三部曲其一：初出江湖崭头角》以广播剧的形式

---

① 原创节目。制作人：四川师范大学影视与传媒学院曾维阳；指导老师：韩幸霖。

再现曹操的成长历程，其情节设计紧凑，叙事逻辑清晰，人物塑造鲜明，语言表现力极具张力。故事分为三个主要场景，分别展现曹操少年时期的机敏、青年时期的果敢以及初上战场时的挫折，既符合历史，又通过不同阶段的事件突出了人物性格及成长轨迹。月旦评的求评一幕，以曹操的"无赖"巧劲推动情节发展，使观众在轻松幽默中理解许劭"治世之能臣，乱世之奸雄"这一评价的分量，也暗示了曹操日后的命运走向。执法一节，通过曹操严惩权贵、震慑京师的果断手段，塑造了一个刚正不阿、凌厉果决的青年形象。而最后的讨董失败则为曹操命运的重要转折点，展现了他从理想主义的英雄变得更加现实冷静的过程。

节目采用了环环相扣的叙事方式，通过旁白穿插对情节的铺垫、推动和总结，使故事在短短 6 分钟内完成完整的起承转合。旁白既起到了交代背景的作用，又在关键时刻点明情节的变化，例如从月旦评的玩世不恭，到洛阳北部尉的铁腕执法，再到战场上的血战逃生，每个场景都在上一幕的基础上递进，最终以曹操目睹关东军醉生梦死的场景结束，为他日后的权力之路埋下伏笔。这种层层递进的叙事逻辑，不仅增强了故事的戏剧性，也让听众更容易沉浸其中。

在人物塑造方面，曹操的形象兼具机智、狠厉与成长性。他在许劭面前展现的狡黠，在执法时的强硬，在战场上面对士兵牺牲的无奈，都让这个历史人物更加立体。他并非单纯的枭雄或暴君，而是一个在现实中摸索前进的复杂个体。与曹操形成对比的配角也极富层次，许劭的德高望重，洛阳贵族的跋扈，士兵的忠诚以及关东军的颓靡，都通过短短几句台词和情境塑造出来，层次丰富，衬托了曹操的成长与困境。

语言表现力是本剧的另一大亮点。剧本在人物台词与旁白描述之间取得了恰当的平衡，既避免了过于冗长的史实讲述，又确保了听众能迅速进入剧情。曹操的台词既符合历史背景，又不失现代观众的接受度，他在许劭面前的狡黠、对宦官亲属的果断惩治、在战场上的激昂誓言，每一句都极具情绪张力，使听众能够直观感受到他的情绪变化。同时，剧中的旁白既有叙述功能，又不失文学性，例如"这'信口一评'，没想到在多年后，竟是一语成谶"，不仅推动情节，也增强了戏剧冲击力。

总的来说，节目以紧凑的情节设计、严密的叙事逻辑、鲜活的人物塑造和富有表现力的语言，成功呈现了曹操的成长历程，赋予这一历史人物更深层的理解空间。

训练材料

《长安惊变》

1. **观众定位**

《长安惊变》是一档以唐朝安史之乱为背景的历史广播剧音频节目，主要面向历史爱好者、青少年及广播剧爱好者。

2. **节目时长**

10~15 分钟。

3. **节目内容**

节目通过生动的叙事与极致的声音艺术，还原唐玄宗、杨贵妃、安禄山等历史人物交织的命运，展现从盛世到乱世的政治风云与社会百态。严谨的历史考据与戏剧化的表现手法相结合，加以专业的配音、音效和唐时风格的音乐，营造沉浸式的听觉体验。

4. **节目风格**

节目应兼具教育性与趣味性，既能帮助观众深入了解历史，又能通过悬念设置与多视角叙事增强吸引力，让听众在声音中感受历史的波澜壮阔与人性的复杂多面。

案例2　《东京梦华录》①

本节目通过介绍宋朝人爱猫的生活现象，如宠物猫品种、养猫趣事、宠物市场等，深入挖掘宋朝的社会文化、市井生活，向听众普及宋朝的历史文化知识，让听众了解宋代社会的别样风貌。

节目时长约 10 分钟。节目在讲述故事的同时，融入丰富的历史文化知识，

---

① 原创节目。制作人：四川师范大学影视与传媒学院朱闰钢；指导老师：韩幸霖。

让听众在轻松、愉悦的氛围中学习历史文化。主持人的语言轻松、诙谐，拉近了与听众的距离，让节目更具亲和力。

节目内容

东京梦华录

案例解析

《东京梦华录》是一部兼具历史知识与生活趣味的广播剧，以宋朝人爱猫的文化为切入点，构建了一个生动活泼、极具代入感的宋代市井图景。其情节设计紧凑，叙事逻辑流畅，人物塑造鲜活，语言表现力强，既具有历史厚重感，又贴近现代生活。

本剧采用"故事＋知识"双线并行的情节设计，既有宋朝人爱猫的生动故事，也穿插丰富的历史文化知识。节目开篇以主持人引导听众"走进宋朝"的方式展开，结合音效构建沉浸感，让听众仿佛踏入了千年前的汴梁街头。故事以南宋诗人陆游的日常为主线，从一个风雨交加的清晨，他决定不出门而与爱猫"狸奴"相伴，到诗歌创作的情境，使这一历史细节变得极具生活气息。随后，以狮猫走失事件、宋人宠物市场等片段补充，层层推进，逐步勾勒出宋朝人对猫的宠爱程度。节目不仅满足了听众对历史的好奇，也通过趣味性的讲述方式增强了代入感，使历史文化知识更加鲜活生动。

本剧为线性叙事结构，辅以旁白和对话推进情节，叙事逻辑明了，使听众能够清晰地跟随节奏。先由陆游的日常起笔，带出宋代宠物猫的品种与文化，再逐步延伸到宠物市场、宠物用品、养猫习惯，最后回归到现代与宋朝"吸猫文化"的对比，形成完整的逻辑闭环。每一部分之间衔接自然，不突兀，信息量充足但不堆砌，让听众在不知不觉间吸收了大量历史知识。

在人物塑造上，陆游的形象尤为生动。他既是一位忧国忧民的文人，也是一位沉浸于猫咪陪伴的"铲屎官"。剧中通过他的独白和互动，如"罢了，不出门了，就在家中逗猫吧"，展现出一种慵懒而惬意的日常；而当风雨声起，他诗兴大发写下"溪柴火软蛮毡暖，我与狸奴不出门"时，则让听众更能感受到那个时代文人的闲适与情怀。秦桧的出场虽然短暂，但他因孙女丢猫而焦头烂额的表现，使他的形象在幽默之余更具戏剧性，使情节更具趣味性。同时，各类市井人物如知府、商贩等的出现，也进一步丰富了宋代社会的生活画卷。

语言表现力是本剧的一大亮点。主持人在历史叙述与现代幽默之间找到了巧妙的平衡，既保持了历史感，又不失亲和力。主持人的用语活泼，如"铲屎官""吸猫"等现代流行语的加入，使得古代文化更加贴近现代人的语境。同时，文言诗歌、宋人用语与现代口语的结合，使语言风格层次丰富。例如"改猫犬"一词的解释，不仅讲出了宋代宠物美容的风俗，也通过主持人的语气增加了趣味性，令人忍俊不禁。此外，剧本的旁白极富文学色彩，如"抬头一望，窗外的雨越下越大了"这样简洁但富有画面感的描述，使整个故事更具感染力。

《东京梦华录》成功运用情节推进、流畅的叙事结构、鲜活的人物塑造和幽默且富有文学性的语言，为听众呈现了一幅生动的宋朝爱猫图景，使历史文化知识在轻松愉快的氛围中得到传播。

训练材料

《帝都物语》

1. **观众定位**

对唐朝文化及其日常生活有兴趣的听众。

2. **节目时长**

10～15 分钟。

3. **节目内容**

通过精心编排的故事情节，重现唐朝的生活场景，从茶馆琴声到街头市集的喧嚣，从宫廷的奢华到民间的烟火气，每个故事都是对唐朝文化的一次深入探讨。节目通过跟随历史人物的日常生活，揭示了唐朝人的生活哲学、艺术审美和社会交往。

4. 节目风格

节目以叙事性和知识性结合的方式进行，其中大量使用古乐和环境音效，营造出浓郁的唐朝氛围。叙述风格轻松幽默，对话中融入现代流行语言，让古代文化与现代生活产生趣味对话，增强节目的亲和力和教育性。节目通过历史故事的讲述和文化背景的深入分析，让听众在欣赏故事的同时，增进对唐朝丰富文化的理解和兴趣。

案例3 《黑神话悟空之风起黄昏》①

节目通过深度解读经典，以《西游记》为蓝本，通过对黄风岭故事的深入挖掘和拓展，为听众呈现经典名著中不为人知的情节和细节，加深听众对这部经典作品的理解和认识。

节目时长约8分钟，通过对经典故事的衍生创作，引发思考与探讨，鼓励听众在经典故事中寻找现实生活的映射，从而获得启示。节目打破传统的故事讲述方式，构建起一个充满奇幻色彩的西游世界，激发听众对传统文化创新表达的兴趣。

▌ 节目内容

黑神话悟空之风起黄昏

---

① 原创节目。制作人：四川师范大学影视与传媒学院杨子航；指导老师：韩幸霖。

▍案例解析

《黑神话悟空之风起黄昏》作为基于游戏《黑神话：悟空》的衍生广播剧，其独特之处在于，它并非游戏内直接展现的剧情，而是基于游戏中的线索，由玩家通过解读和推理拼凑出隐藏故事。这种创作方式使得广播剧不仅是对游戏世界观的拓展，更是一种玩家与文本互动的结果，赋予了传统游戏衍生内容全新的表达形式。

广播剧并未采用传统线性叙事进行情节设计，而是以碎片化信息拼接还原故事全貌的方式展开。这种非直接叙事的手法极大地增强了听众的沉浸感，让玩家和听众在探索过程中不断揭秘、还原真相。例如，黄风大圣的癫狂、鼠妖的祭祀仪式、斯哈里国的覆灭等细节，都与游戏中的隐藏任务、环境叙事、道具描述相呼应，使得广播剧成为游戏体验的一种延伸和补充，而非单纯的故事复述。

广播剧以天命人为核心视角，通过探索不同场景、与非玩家角色（nonplayer character）对话、回溯历史等方式，层层揭开黄风岭的谜团，这种叙述方式契合了游戏中的线索式叙事风格，使得故事的展开充满悬念和探索感。例如，最初天命人只是为了寻找黄风岭的秘密，但随着剧情推进，听众才逐渐意识到，这个事件不仅涉及黄风岭，还牵连黄金古国、天庭秩序以及人妖共存等更深层次的问题。这种叙事手法让听众仿佛在亲自解谜，增强了代入感和思考的乐趣。

在人物塑造方面，广播剧延续了《黑神话：悟空》的去脸谱化处理，使得经典角色不再是单一的善恶象征，而是被赋予了更复杂的背景和动机。例如，黄风大圣在《西游记》中只是被打败的妖怪，但在木剧中他是一个曾经庇佑百姓、最终因命运捉弄而走向癫狂的悲剧角色。鼠妖也不仅是一个邪恶的妖怪，而是代表了某种反抗天庭秩序的存在。这些角色的塑造，与游戏的探索式叙事相结合，使得听众在理解剧情的过程中，也不断思考关于命运、规则与自由的主题。

广播剧充分运用了陕北说书、游戏原声对白和富有哲理的旁白相结合的方式，增强了语言表现力，使得听众在听觉层面既能感受到民间说书的韵律感，又能沉浸于《黑神话：悟空》的奇幻氛围。例如，旁白中充满哲思的句子，如

"有生，就有盗；有高山，就有深渊"不仅符合西游世界的调性，也让听众对游戏中的世界观产生更深的理解。此外，游戏原声对白的融入，使得广播剧的沉浸感大幅提升，让听众仿佛置身于游戏世界之中。

《黑神话悟空之风起黄昏》并非简单的游戏改编，而是一种建立在游戏探索体验基础上的广播剧创作。它巧妙地利用了玩家推理出的隐藏故事，将碎片化的游戏信息整合为完整的叙事体系，使广播剧成为游戏叙事的补充与延展。这种创作方式不仅拓宽了广播剧的表现形式，也为游戏叙事探索提供了一种新的可能性，即玩家不再只是被动接受游戏剧情，而是可以通过互动、解谜的方式，主动构建属于自己的故事理解。

训练材料

《风起霓裳》

1. 观众定位

喜欢深入探讨神话与现实的成年听众，特别是那些对东方神话和文化有浓厚兴趣的群体。

2. 节目时长

10～15分钟。

3. 节目内容

节目通过对中国古代神话故事的重新诠释，探讨主角的传奇故事。例如，一名古代女神在现代社会的重生和自我发现之旅。节目通过她与现代人类的互动，展开对古代神话中道德、命运和自由意志的现代解读。每一集都围绕一个小故事展开，同时穿插女神对自己身份的思考和古代故事的闪回，提供历史与现代的对比视角。

4. 节目风格

节目采用神秘而引人入胜的叙述风格，结合东方器乐和现代音效，如风声、水声等，营造出一种时空交错的感觉。情节设计上，每集都有独立的主题和故事，通过紧凑的剧情进展和丰富的角色发展，引导听众深入探索每个角色的内心世界和背后的文化意义。通过传统与现代的文化碰撞，节目旨在探讨如何在现代社会中保存和传承古老的文化价值。

案例4　《三国风云之曹操败走华容道》①

本节目通过生动的广播剧形式，将《三国演义》中曹操败走华容道这一经典情节原汁原味地呈现给听众，让听众沉浸式感受三国时期紧张激烈的战争氛围和精彩绝伦的智谋交锋，重温经典文学作品的魅力。

节目通过深入刻画曹操、文聘、赵云、张飞、关羽等三国人物的性格特点，展现曹操的自负、坚韧与智谋，以及众武将的勇猛忠诚，使听众对这些经典人物有更立体、更深刻的认识，体会到人物性格在历史事件中的关键作用。借助三国故事，传播三国时期的历史文化知识，如古代战争的行军策略、战场形势分析、军事术语等，让听众在欣赏故事的同时，增进对古代历史文化的了解，丰富知识储备。

节目时长约8分钟。剧情紧张刺激，通过激烈的战斗音效，如鼓声、放箭声、喊叫声、刀剑声等，以及人物间紧张的对话和冲突，营造出扣人心弦的剧情氛围，使听众仿佛置身于战火纷飞的三国战场，增强节目的吸引力和感染力。人物对话采用符合三国时期风格的语言表达，既保留了历史的古朴韵味，又通俗易懂，让听众在感受历史氛围的同时，能够轻松理解剧情，在语言层面也能更好地融入三国故事之中。

▎节目内容

三国风云之曹操败走华容道

---

① 原创节目。制作人：四川师范大学影视与传媒学院朱闯钢；指导老师：韩幸霖。

案例解析

《三国风云之曹操败走华容道》通过广播剧的形式，再现了《三国演义》中这一经典桥段，将曹操败走的惊险过程展现得跌宕起伏，极具戏剧张力。故事紧扣历史背景，采用紧张刺激的叙事风格，使听众仿佛置身于三国战场，亲身感受曹操的狼狈逃亡、赵云的凌厉追击、张飞的霸道拦截以及关羽的威严迎战。广播剧充分利用声音艺术，通过战场上的厮杀、马蹄疾驰、号角震天、风雨交加等音效，为听众构建出极富临场感的三国战场，强化了紧迫的逃亡氛围，使得整个故事更具沉浸感和冲击力。

在叙事逻辑方面，广播剧严格遵循原著的时间线索，以曹操的视角推进情节。从最初的惨败到一路狼狈逃窜，曹操的心理变化被细腻地刻画出来。他从赤壁战败后的不甘，到对诸葛亮与周瑜的轻蔑，再到一路遭遇伏击后的逐渐慌乱和疲惫，最终在华容道遇见关羽，彻底陷入绝境。曹操的每一次大笑，都是对局势的误判，他自信满满地认为自己看破诸葛亮的计谋，然而事实一次次证明他所嘲笑的对手，正是将他逼入绝境的关键人物。这种强烈的反差，使得曹操的形象更加饱满，既有枭雄的睿智，也有骄傲自负的缺点。

在人物塑造方面，曹操的形象尤为生动，他一方面展现出坚韧不屈的领袖气质，面对失败毫不气馁，总能迅速做出决策；另一方面，他的自负、狂妄和对智谋的过度自信，也使他屡屡落入对手的圈套。赵云、张飞、关羽等武将形象鲜明，赵云的冷静果断、张飞的霸道威猛、关羽的庄重威严，都通过声音演绎得淋漓尽致，展现出各自的性格特质。此外，文聘作为曹操的随从，也起到了对比和提醒的作用，他的忠诚与谨慎衬托出曹操的傲慢与大意，使得人物关系更加层次分明。

广播剧在语言表现力上极具古典韵味，人物对白不仅符合三国时期的语言风格，而且兼顾现代听众的理解力。曹操的台词尤为考究，他的言语间充满谋略与轻蔑，如"我就偏走大路""诸葛小儿不过如此"，都充分展现了他狂妄自负的性格。而关羽最后一句"关某奉军师将令，在此等候丞相多时"，更是以沉稳威严的语气，将曹操推向绝境，使整部剧达到高潮。此外，广播剧还通过巧妙的音效运用，如曹操大笑后便迎来伏击，以音画对比的方式强化情节的戏剧性，使听众在每一次曹操的得意中，都能感受到即将到来的危机，从而增加故事的紧张感与戏剧冲突。

整体而言，《三国风云之曹操败走华容道》不仅忠实还原了三国演义的经典桥段，更通过声音塑造人物，深化角色个性，使听众能够透过声音感受三国的战争风云和权谋较量。这种利用广播剧形式再现经典的方式，不仅让历史文化更加生动、鲜活，也增强了听众对三国人物的理解，引起共鸣，展现了广播剧在历史故事传播中的独特魅力。

训练材料

《君主的光荣》

1. **观众定位**

历史爱好者，特别是对欧洲历史及军事战略感兴趣的听众。

2. **节目时长**

15 分钟。

3. **节目内容**

节目聚焦拿破仑·波拿巴的政治和军事生涯，从他的早期生活开始，直至滑铁卢战役的失败和流放圣赫勒拿岛。节目通过精彩的叙述和基于历史的重现，探讨了拿破仑如何改变了欧洲的政治格局，以及他的军事战略和领导风格如何影响了后来的军事理论。

4. **节目风格**

节目注重戏剧化的叙述，可结合实地采集的音效（如马蹄声、战斗声等），以及高质量的音乐和声音编辑，创造出沉浸式的听觉体验。角色通过富有表现力的声音演绎，如拿破仑的命令声、士兵的呼喊等，可让听众仿佛身临其境。语言上，节目可采用易于理解却具有历史感的对话，使得故事既忠实于历史，又具有广泛的吸引力。

案例5 《穿越大唐之我怎么能只是蜘蛛精》①

本剧以独特视角重新演绎《西游记》故事，打破传统认知，赋予经典新的活力，激发听众对经典文学作品的兴趣，引导听众从新的角度理解经典的内涵。

节目通过创新解读经典，借故事中人物的对话和经历，探讨永生的真正意义、生命的价值以及对苍生的责任，引发听众对这些深刻话题的思考，传递积极的价值观和人生观。古今文化融合，将现代元素与古代神话故事相结合，通过穿越设定展现不同时代的碰撞与交融，增进听众对古今文化差异与联系的理解，同时表达对当代社会和国家的热爱与赞美。

节目时长约7分钟。作品情节设计紧凑，风格创新，通过快节奏的叙事与反转，增强故事的戏剧性和吸引力。同时，本剧将未来科技（永生计划、人工智能时代）与四大名著之一《西游记》中的蜘蛛精、唐僧相结合，形成独特的"科幻+奇幻"风格，并在作品中融入了流行的幽默元素，增加趣味性。

节目内容

穿越大唐之我怎么能只是蜘蛛精

案例解析

《穿越大唐之我怎么能只是蜘蛛精》是一部融合科幻与奇幻、幽默与哲思的广播剧，巧妙地将《西游记》的经典故事与现代科技思维相结合，为听众带

---

① 原创节目。制作人：四川师范大学影视与传媒学院李璇；指导老师：韩幸霖。该节目荣获第三届四川省大学生原创剧本大赛二等奖。

来全新的听觉体验。故事主角是一位来自未来的科学家因实验失败穿越到西游世界，并成为蜘蛛精，展开一场关于长生不老、生命意义与家国情怀的探索。剧中情节紧凑，从主人公发现自己穿越后想到唐僧肉可使人长生不老，到与蜘蛛精姐妹联手抓捕唐僧，再到利用现代科技手段反制同伴，故事层层推进，戏剧性冲突鲜明。最精彩之处在于，当她即将吃掉唐僧时，唐僧的一番话让她陷入沉思，她从而意识到自己面对的不是一个虚构人物，而是一个真正心怀天下的取经人。回忆起中国历史上的苦难与抗争，她最终放弃了最初的欲望，完成了更深层次的觉醒，升华了故事主题。

整部广播剧的叙事逻辑紧密，采用第一人称视角，使听众更易代入主人公的思考与成长。故事节奏明快，从科学实验的紧张到穿越后的戏谑，再到抓捕唐僧的紧张氛围，最后在唐僧的言语中转向庄重深刻的情感升华，层次分明。主人公的成长弧光清晰，从最初的狂妄自信，到利用智慧算计同伴，再到领悟生命的真正价值，这种转变使角色更加立体，也增强了听众的共鸣。唐僧的形象依旧温和而坚定，以一番话点醒主人公，巧妙地完成了故事的核心转折，使整部作品既保持了幽默风趣，又在哲思层面达到了高度。

语言风格轻松幽默，现代流行语与古典语言的融合使得整个广播剧充满戏剧张力。最终，主人公在"系统"宣布"已完成基因永生计划"之时，面对唐僧的询问，坚定地回答"山河犹在，国泰民安，因为有个盛世叫——中国"，将整部剧推向高潮，完成了从个体私欲到家国情怀的情感升华，赋予作品更深远的思想意义。

训练材料

《穿越时空之拯救敦煌》

1. 观众定位

节目受众包括历史文化爱好者，尤其是钟情敦煌文化，对古代历史有浓厚兴趣，希望通过广播剧感受敦煌文化魅力与历史底蕴的广大听众；也包括学生群体，如对历史文化、艺术创作感兴趣的中小学生，以及学习播音主持、戏剧影视相关专业的大学生，他们希望借此拓宽知识视野，提升审美和艺术鉴赏能力。

2. 节目时长

10~15分钟。

3. 节目内容

主角是现代一位考古专业的学生，意外穿越到了唐朝的敦煌。当时敦煌正面临外侵，敦煌壁画和文物面临被破坏的危机。主角利用自己在现代所学的文物保护知识和历史知识，联合当地的工匠、僧人以及爱国人士，一同想办法抵御外侵，保护敦煌文化遗产。在这个过程中，主角与当地人物产生了深厚的情感羁绊，同时也对敦煌文化有了更深层次的理解。最后，主角在成功保护敦煌后，面临是否要回到现代的抉择。

4. 节目风格

节目整体风格需兼具历史的厚重感与冒险的紧张刺激感。在描绘古代敦煌的场景时，语言优美、富有画面感，应展现出敦煌的文化魅力和历史底蕴；在表现抵御外侵的情节时，节奏紧凑，音效配合恰当，营造出紧张的氛围；人物对话需符合各自的身份和时代背景，主角作为现代人，其语言可以带有一些现代的色彩，但也要注意与古代环境相融合，避免过于突兀。

参考文献

包茜婧. 主流媒体广播剧的融合创新策略与路径——以中央广播电视总台
　　2022 年广播剧为例 [J]. 中国广播电视学刊，2024 (1).

才涛. 广播文艺节目创优策略与新媒体应用 [J]. 中国广播电视学刊，2024 (6).

柴璠. 当代广播有声语言的创新空间 [M]. 北京：中国传媒大学出版
　　社，2006.

陈婷. 融媒体时代新广播社群运营的多元模式——以江苏广播社群建设为
　　例 [J]. 视听界，2022 (6).

程海峰. 探析网络音频节目主持人的情感表达 [J]. 西部广播电视，2022 (6).

戴洁敏. 论广播文艺播音中的"收"与"放"[J]. 中国广播电视学刊，2019 (5).

董旸. 广播节目策划与制作 [M]. 北京：中国传媒大学出版社，2007.

高丹. 媒体融合背景下鞍山云手机客户端音频节目的可视化传播研究与实
　　践 [J]. 广播电视信息，2023 (12).

苟凯东，郭方舟. 体育传播中的叙事创新——以中央广播电视总台东京奥运会
　　转播为例 [J]. 电视研究，2021 (10).

韩梅. 社教节目的渊源及其在中国近现代的兴起 [J]. 浙江大学学报（人文社
　　会科学版），2017 (4).

韩清. 传播方式改变音频节目命运 [J]. 上海广播电视研究，2023 (4).

郝明英，冯晓青. 从合规管理看广播音频节目的著作权保护与运营 [J]. 编辑
　　之友，2022 (6).

侯媛媛. "5G+4K+AI" 助力智慧广电发展的探讨 [J]. 传媒论坛，2023 (23).

黄卉. 广播情感节目发展与走向 [J]. 传媒观察，2009 (5).

江柳明. 关于发展少儿广播的思考 [J]. 中国广播电视学刊，2013 (8).

蒋富东. 融媒时代 AI 对广播电视内容创新及传播策略的影响 [J]. 中国广播电视学刊，2024（11）.

蒋俏蕾. 新媒体心理学 [M]. 北京：科学出版社，2025.

景芳，余宁. AI 技术助力传统广播电视全面转型升级 [J]. 中国广播电视学刊，2024（6）.

李金宝，赵宇星. 大型体育赛事故事化叙事的策略与方法——兼议中央广播电视总台杭州亚运会报道特色 [J]. 电视研究，2024（1）.

李强. 广播体育谈话节目的问题与建议 [J]. 中国广播电视学刊，2011（9）.

李晓冰. 少儿广播的发展与未来 [J]. 中国广播电视学刊，2004（10）.

李新全，陈素云. 广播情感类节目突围之路 [J]. 中国记者，2009（6）.

李泽厚. 美的历程 [M]. 天津：天津社会科学院出版社，2001.

李泽厚. 美学四讲 [M]. 北京：生活·读书·新知三联书店，1989.

刘冰. 新闻报道写作：理论、方法与技术 [M]. 广州：南方日报出版社，2011.

刘海涛. 新时代媒体融合播音员主持人的培养 [J]. 青年记者，2018（20）.

刘倩，田龙过. 从有边界传播到无边界融合：媒体融合背景下高校广播台的发展策略探析——以陕西科技大学广播台为例 [J]. 今传媒，2022（4）.

龙静云，崔晋文. 审美教育的实质及其对大学生的教育价值 [J]. 学校党建与思想教育，2019（24）.

卢劲松. 广播文艺节目创新实践与理论思考 [J]. 中国广播电视学刊，2018（8）.

鲁艳敏，陈智睿，涂中文. 基于车联网的"云听"探究 [J]. 传媒，2022（9）.

孟伟，张帅. 变革与新生：2021 年中国广播发展综述 [J]. 中国广播电视学刊，2022（3）.

蒲璐璐. 寻踪广播发展变化 探索音频价值标准 [J]. 上海广播电视研究，2022（1）.

秦瑜明. 专题化与对象化——电视社教节目发展走向分析 [J]. 现代传播，2002（2）.

沈金萍，凌燕，孙航. "云听"的弯道超车之技 [J]. 传媒，2022（9）.

宋锦燕. 广播剧《回家》：以好故事传递中国好声音 [J]. 中国广播电视学刊，2024（6）.

宋康. 窄播时代广播节目主持人综合素养的培养和提高［J］. 中国广播电视学刊，2011（3）.

宋欣欣. 基于云平台的广播制播系统建设［J］. 电声技术，2022（7）.

孙向彤. 移动互联时代少儿广播节目的垂直化发展［J］. 中国广播电视学刊，2016（06）.

汤戎. 融媒体环境下广播音频节目的运作［J］. 西部广播电视，2022（5）.

王灿发. 新闻作品评析教程［M］. 北京：中国传媒大学出版社，2007.

王俊俊. 媒体融合下广播节目如何守正创新［J］. 中国报业，2021（24）.

吴慧思. 基于微服务架构的广播电视内容监管系统设计［J］. 视听，2022（9）.

吴杰. 广播播控系统 IP 化发展思路［J］. 数字传媒研究，2023（11）.

谢丹. 移动互联网时代广播剧发展变革战略［J］. 中国广播电视学刊，2023（9）.

徐蕾红. 融媒时代广播作品如何讲好身边故事——以扬州广播"爱的谎言"系列作品为例［J］. 声屏世界，2022（14）.

薛丹，马春娟. 探讨语音识别技术在智慧广播中的应用［J］. 数字传媒研究，2022（4）.

薛丹. 融媒体时代综艺主持人"跨屏主持"能力培养——基于央视、省级卫视、网络媒体主持人大赛分析［J］. 传媒，2021（14）.

杨俊，顾华峰. 广播节目策划中的"场景化"运用［J］. 视听界，2022（5）.

姚柏言. 广播音频报道多层次融媒体转化再生探索——以北京广播电视台新闻广播为例［J］. 声屏世界，2023（7）.

叶朗. 中国美学史大纲［M］. 北京：北京大学出版社，1985.

余思乔，何子杰. 从广播长书到有声阅读：传统广播有声读物的数字化转型思考［J］. 南方传媒研究，2023（2）.

虞颖. 融媒时代广播内容生产的五大走向［J］. 中国广播电视学刊，2024（3）.

翟慧慧. 从《主持人大赛》看新时代播音主持人的培养路径［J］. 传媒，2021（10）.

张阿利，李元启. 论广播社教节目质量的核心竞争力［J］. 新闻知识，2003（12）.

张法. 20 世纪西方美学史［M］. 北京：北京大学出版社，2000.

张海鹰. 网络传播概论新编［M］. 北京：复旦大学出版社，2008.

张琦，贾毅. 主持人即兴口语表达艺术［M］. 北京：中国传媒大学出版社，2019.

张书铭. 民族视野与地域记忆下的短音频创作范式——以《火红的赞歌——庆祝建党百年中国戏曲百集短音频》为例 [J]. 中国广播电视学刊，2022 (7).

张颂. 播音主持艺术论 [M]. 北京：中国传媒大学出版社，2009.

张玉能. 实践转向与审美教育——创美美育与人的自由全面发展 [J]. 甘肃社会科学，2012 (6).

赵亮. 数字音频嵌入技术在广播电视行业的应用实践 [J]. 电视技术，2023 (4).

赵然. 新媒体时代电视节目主持人培养路径的优化 [J]. 青年记者，2015 (29).

赵勇. 基于 TRTC 的广播节目互联网语音互动系统 [J]. 电声技术，2022 (3).

钟华. 数字音频广播节目内容复合及播出控制研究 [J]. 电声技术，2023 (5).

周畅. 互联网时代美育教育面临的机遇与挑战——评《审美教育 "以美育德" 的机理研究》[J]. 科技管理研究，2022 (17).

朱光潜. 谈美书简 [M]. 北京：人民文学出版社，1958.

朱光潜. 西方美学史 [M]. 北京：人民文学出版社，1979.

后　记

　　《全媒体时代音频节目播音主持教程》的编写与出版，离不开四川师范大学影视与传媒学院的鼎力支持。作为一所致力于培养传媒领域高素质人才的学院，四川师范大学影视与传媒学院为本教材的编写提供了丰富的学术资源与实践平台，使教材能够顺利完成。在此，我谨向学院领导、各位老师以及同学们表示衷心的感谢。

　　特别感谢川师大播音与主持艺术专业的老师们在资料整理和内容编写过程中给予的宝贵建议与悉心指导，他们的专业知识和丰富经验为本教材内容的撰写奠定了坚实的理论基础和实践依据。同时，也衷心感谢川师大播音与主持艺术专业的同学们在原创节目创作过程中的热情参与和积极贡献，他们的创意与实践经验为本教材提供了生动丰富的案例素材。

　　本教材旨在为播音与主持艺术专业的学生提供系统、全面的音频节目创作与主持教程，帮助他们在全媒体时代有效掌握音频节目语言艺术的审美素养和创作技巧。希望本教材的出版能够对音频节目教学与审美研究领域的未来发展起到积极推动作用。

　　然而，受限于编写团队的经验与研究视野，本教材在内容的深度、案例选择的广泛性以及跨学科知识的融合上，仍存在一些不足之处。例如，在案例的多样化、前沿技术的融合以及理论与实践的平衡等方面，还有进一步提高的空间。这些问题我们将在后续的研究与编写工作中持续完善。

　　随着全媒体时代的不断演进，音频节目作为一种重要的传播形式，正在经历前所未有的变革。未来的音频节目教学研究将更加注重跨学科的融合，结合社会学、心理学、艺术学等多学科知识，深入探讨音频语言艺术的审美内涵和传播功能。同时，随着人工智能、虚拟现实等新技术的广泛应用，音频节目的创作和传播方式也将不断创新，为音频节目语言艺术带来更多可能性。

我们期待本教材能够为音频节目教学与审美研究提供新的思路和方向，助力更多学生在未来的音频节目创作与主持中脱颖而出，成长为具有艺术眼光、创作能力和专业素养的优秀音频节目主持人。我真诚地希望各位专家学者、老师和同学们能够提出宝贵意见，共同促进本教材的进一步完善与提升。

韩幸霖

2024 年 3 月